JN293211

やる気を育てる
子育てコーチング

親子で楽しむ
「お約束表」の作り方

武田　建

創元社

まえがき

お母さんになるのは、うれしいことです。子どもはかわいいし、子育てはやりがいがあります。でも、疲れますね。「もう、いやだ！」と思うときだってあるでしょう。子どもが泣いたとき、ぐずったとき、言うことをきかないときには、いらいらします。腹がたつことだってあるでしょう。それはあなただけではありません。世界中のすべてのお母さんが、大なり小なり味わう気持ちです。

私は大勢のお母さんから、こんな訴えを聞きました。


「子どもはかわいいのです。でも、子育てがいやになるときがあります」

「子どもなんか生まなければよかったと思うこともあります」

「実家から離れているので、誰にも相談できません」

「夫は、子育てはぜんぶ私まかせです」

「私は子どもをよくたたきます。今に虐待するのではないかと心配です」

「叱った後で、私は悪い母親だと、自分を責めるのです」

「夫は子どもをほめろと言います。でも、なんと言ってほめたらいいのですか」
「ほめてばかりだと、甘やかしになると思います」

こんなお母さんの疑問に答えるために、この本ではたくさんの例をあげて、具体的にどうすれば良いかを、やさしく説明してあります。読むだけではなく、実際にやって、子どもの困ったところをなくしてください。子育ての悩みを解決してください。この本は、きっとあなたのお役に立つと思います。

私は、自分の勤める大学の付属幼稚園のお母さんやその地域のお母さんと、子育て勉強会を続けています。この本の中味は、勉強会に来てくださったお母さんが、ご自分のお子さんに、お家で実行していただいたものばかりです。あなたもぜひお子さんとやってみてください。とくに四歳から一〇歳ぐらいのお子さんにはとても効果的です。きっと驚くほど効果があると思います。勉強会にいらしたお母さんは、みんな「びっくりするほどうまくいった」という感想を話してくださいました。

この本は心理学の社会的行動理論にもとづいています。でも、心理学の言葉はぜんぶ省いてあります。ですから、簡単で、読みやすく書いてあります。安心してお読みください。もし、裏付けとなった心理学のことを知りたい方は「コラム」を読んでみてください。

この本を使って、あなたが大事なお子さんを上手に、楽しく、育てていってくださることを願っています。

目次

1

子育て　キホンのキ

赤ちゃんが生まれた！

赤ちゃんを産むのはすごいことです。お母さん、本当によくがんばりましたね。お母さんになるのはうれしいことです。でも、とても大変なことです。赤ちゃんは、ずっと二八〇日のあいだ、お母さんのお腹のなかにいます。そのときは、ヘソの緒をとおしてお母さんから栄養をもらっていますし、暑くもなく寒くもない、ちょうどいい温度にたもたれています。

二八〇日の妊娠期間は、象のように大きな動物をのぞけば、ほ乳類のなかでも、一番長い胎内生活です。でも、生まれてきた人間の赤ちゃんは「オギャー、オギャー」と泣くだけで、自分では何ひとつできません。お母さんの乳房さえ、お母さんに口のなかに入れてもらわなければ、自分では探すこともできません。冬の寒い夜に、フトンからはみだしても、自分の力では毛布をかけることもできません。お乳も、保温も、赤ちゃんが生きてゆくためには、なくてはならないものです。でも、人間の赤ちゃんは、長い間それを自分ではできないのです。とても不安なことでしょう。

赤ちゃんに必要なのは、食べ物と保温だけではありません。お母さんにあやしてもらい、話しかけてもらい、子守歌を歌ってもらうことが、心の栄養になるのです。どんなにおいしい食べ物をもらい、清潔なところで育ててもらっても、お母さんの愛情という心の栄養がなかったら、子どもは元気に育つことはできません。お母さんのやわらかい肌にふれ、その腕のなかに抱かれ、話しかけられることが、なんとも言えない安心を与えてくれるのです。赤ちゃんにはお母さんが何を話しているのかわからないでしょう。何を歌っているか知らないでしょう。でも、お母さんの雰囲気や気持ちが声をとおして伝わるのです。

生まれて数カ月が過ぎるまで、赤ちゃんは、まだ誰がお母さんかよくわかりません。でも、お世話をしながら、話しかけ、笑顔を見せ、抱きしめ、ほおずりをし、高いたかいをし、子守歌を歌いましょう。お母さんの身体にふれてぬくもりを経験することが、「この人が私のお母さんだ」という意識につながってゆくからです。

「まね」も勉強

お母さん、赤ちゃんに話しかけてください。あやしながら、着替えをさせながら、オムツを取り替えながら、お乳を飲ませながら、できるだけ話しかけてください。話しかけることは、やがて赤ちゃんが言葉を覚えるときの大切な準備です。赤ちゃんが片言でも言ったら、それをお母さんが言葉にして言ってあげてください。やがて、赤ちゃんもお母さんの言葉をまねするようになります。こうやって、愛情が伝わり、言葉を覚えるのです。

赤ちゃんが言葉を話すようになるのを見ていると、そのほとんどはお母さんがくり返し話すことをまねしているのがわかります。赤ちゃんが最初に話す言葉は「ママ」でしょう。世界中のお母さんは赤ちゃんに「ママよ、ママよ」とくり返し話しかけます。そして「マ……」と言っただけで、大喜びをして「○○ちゃんはママと言えた。えらいわね！」とほめてあげます。それでいいのです。「マ……」と言っただけで、お母さんが大喜びをするので、赤ちゃんは「ママ」と言おうとします。こうして、次第にいろんな言葉を覚えてゆきます。

人の成長が一番早いのが、生まれてから二歳ぐらいまでの乳幼児期です。生まれた赤ちゃんは、一年後には三倍の体重になります。二歳までには歩くだけでなく、ちょっと言葉を話せるようになり、ご両親がにっこりしたり、話しかけたり、抱っこしたりすると、喜ぶようになります。また、自分の方から親しい人に近づいていきます。そして、お母さんが一緒にいると安心します。知的な発達もすすみ、ガラガラを振れば音がするといった簡単な因果関係がわかるようになります。これは、人生で何かを予想する最初の経験です。

　この時期のお父さんは、お母さんを助け、支えるのが役割です。子どもへの関心を持つと同時に、子どもを育てる主な役割を果たしているお母さんをいたわり、やさしい言葉をかけ、後ろから子育てを助けてあげてください。オムツを替えたり、一緒にお風呂に入るのもいいですね。

ひとりでできるもん！

二歳から四歳ぐらいが歩行期です。活発に走りまわり、よくしゃべります。これまで、親に完全に依存していた状態から抜け出そうとします。自分を主張し、新しいことに挑戦し、周囲を征服しようとします。自立へのスタートです。三歳前後の子どもは、自分のことを考えるのが精一杯で、自分中心で行動しますから、お母さんから叱られ、注意されることが多いと思います。よく言われる第一反抗期です。自分はお母さんと違うのだ、自分は自分だと、他者のことは考えないで、自分中心で自分の要求ばかりを振りかざします。そして、自分の要求通りにならないと、怒って手がつけられないやっかいな時期です。親に叱られ、助けてもらい、頭をうち、少しずつ現実がわかってきます。

その相手をしなくてはならないお母さんにとっては、面倒くさいし、腹が立つことが次々に起こります。この時期の子どもは、エネルギーがあり余っているかのように、動き回り、自分のほしいものを求め、やりたいことをすぐにしたがります。そして、自分の思うようにならないと、怒ったり、泣いたりします。フラストレーションの爆発です。

お母さんだって腹が立つでしょうが、この時期の自己主張は、子どもが自分を発見しようとする努力であることを理解してください。この反抗期がない子どもは、やる気のない子どもになる恐れがあります。やっかいだと思われるでしょうが、「これが将来の自立・独立・やる気の準備だ」と思ってください。

子どもが寝る前とか、お出かけ前に、いくつかのことを一通りやらないと気がすまないことがあります。そして、それを止めさせようとすると怒ります。でも、こうしたことは、やがて大きくなったときに、きちんと働く習慣の芽生えだと思ってください。同じように、ひとりでご飯を食べているとき、積み木で何かを作っているときに、誰かが手伝おうとすると怒ります。ひとりでやることで、子どもは喜びやプライドを持ちたいのでしょう。

この時期には、親の言うことをある程度理解できるようになります。でも、自分だけでやる力はありません。いろんなことを思うようにはやれません。ですから、お母さんは、子どもに何をどうしたらいいかを言ってあげ、そっとお手伝いしてあげてください。そして、ちょっとでもできたらそれをほめ、できないときには、子どもができることからさせてください。

この頃の子どもは、遊びを通して自信をつけます。子どもが少し大きくなると、世話と愛情をそそいでもらうだけではなく、自分で新しいことをやろうとします。はったり、立ち上がったり、歩いたり、階段をのぼったり、新しいことへの「挑戦」です。でも、お母さんが、幼い子どもが階段をはって上がるのを見て、危ないからといつまでも二階まで抱っこしていったら、子どもは自分で上り降りすることを覚えません。

子どもが階段をのぼろうとするなら、その後からついていって、もし落ちそうになったら、すぐに支えてあげましょう。階段を降りてくるときも、すぐ下にいて、子どもが足を踏み外したときにそなえますが、あとは自分で降りてくるのが子どもにとっては大切な経験です。幼い子どもは、ちょっとした冒険をすることで、達成感を味わい、自尊心が芽生えてくるのです。お母さんから「すごいねー」とほめられるとますますやろうとします。そうして、子どもは遊びを通して、身体を動かすことや知識を身につけるだけではなく、自信を持つようになります。

子どもにとって遊ぶことはとても大切な経験です。成長とともに、子どもは少しずついろんな遊びを始めます。瓶の蓋をころがすことも、手をたたくことも、リズムに合わせて身体を動かすことも、みんな大事なお遊びです。少し大きくなると、話をしたり、走ったり、投げたり、歌ったり、他の子どもと遊んだり、どんどん遊びが発展します。そうした経験をとおして自信をつけてゆきます。

コラム

エリクソンという心理学者は、〇歳から一歳までは、お母さんに世話してもらうことを通して、信頼を学ぶ時期だと説明しています。逆に言えば、十分な愛情とケアが与えられないと、不信を経験することになりかねません。

五カ月ないし一〇カ月ぐらいの間は、お母さんのまわりにいて、お母さんの顔を触ったり、耳や鼻をひっぱったりして、自分と他人の違いをわかろうとします。一歳前後になると歩けるようになり、身近なものを触ったり、押したり引いたりして遊びますが、すぐにお母さんのところへ戻っていきます。自分と他者の違いがわかり始める時です。二歳前後になると、お母さんから離れて動き回ります。でも、それは短い時間の間だけです。お父さんのところへきても、またお母さんが恋しくなる子もいます。二歳から三歳になるとお母さんがいなくても、しばらくの間は大丈夫になります。お母さんのイメージが残っているのでしょう。お母さんのイメージを持つことは大切な自立の一歩です。

親のまねをして成長します

子どもは三歳ぐらいになると、自分が「男である」「女である」ことを自覚します。そして、自分の性別にふさわしい言葉づかいやおこないを身につけようとしはじめます。それは、子どもがどんな服装をしたいか、どんな言葉づかいをするか、誰とどんな遊びをするかに表れます。そうしたことを通して、男らしさや女らしさを身につけてゆくのです。そのために、この時期の子どもは、ものすごいスピードでお父さんやお母さんのまねをします。

もちろん、まねをするのはお父さんとお母さんだけではありません。テレビをつければ、男らしさの特徴である力強さやたくましさ、女らしさの特徴としてやさしさと繊細さといったことが、登場人物によって強調されています。それは、大人向けのドラマだけでなく、マンガや子どもの番組に登場するキャラクターにも表れます。

まねする相手と自分の性格や特徴が似ていれば似ているほど、相手の性質を取り入れやすいでしょう。お手本であるお母さんやお父さんを子どもが好きならば、それだけまねしやすくなります。一方、子どものまわりの人も「お父さんそっくり」とか「お母さんそっくり」と言います。そうした言葉が、子どもが同性の親のまねをすることを強めます。

このころの特徴は、親のやっていることを見て、親の言うことを聞いて、良いことと悪いことの判断の基本を身につけます。また、お母さん、お父さん、兄弟、友だちと接することを通して、どうやって他者と交わるかを学びます。

コラム

精神分析の創始者であるフロイトは、幼い男の子が母親に、女の子が父親にあこがれ、独占したいという願望をいだくことを、エディプス葛藤と名づけました。しかし、しばらくすると、男の子は父親の、女の子は母親のまねをすることにより、男性あるいは女性の確立を目指すようになります。こうした同性の親との同一化をエディプス葛藤の解消と呼んでいます。誰かのまねをしたり見習うことを、行動心理学では、モデリングとか模倣学習と呼んでいます。理論的には異なりますが、よく似たことを、違った立場から説明しています。

少しずつやらせてみましょう

子どもの成長は親の目からすると、びっくりするくらい早いと感じるときもありますが、逆に、もどかしく思うときもあります。子どもには、その子のペースがあって、なかなか親が思うように育ってくれません。でも、それで当たり前なのです。子どもの成長は、少しずつ、少しずつです。

シャツやセーターを自分ひとりで脱ぐことができない子どもならば、はじめから終わりまで、全部脱がせるのではなく、袖口までお母さんが脱がしておいて、最後のところだけ子どもが引っ張れば脱げるようにしておきましょう。丸首のシャツやセーターならば、頭の上まで助けてあげて、最後を自分の力で脱がせましょう。そして、「自分で」脱げたことをおおいにほめてあげてください。

そうすれば、最後のところを仕上げる喜びを味わうことができます。その喜びが、もう少し袖が長くても、引っ張って脱いでみようという気持ちにするのです。もちろん、お母さんが「○○ちゃん、よく脱げたわね！」とすぐにほめてあげることが、よりいっそう子どものやる気をおこさせます。

子どものしつけのうたい文句は「少しずつ」です。ですから、少しずつ、シャツの袖口を引っ張る長さをのばしてゆきましょう。

コラム

幼い子どもは、ちょっとしたことができただけでも、とても喜びます。できることを少しずつつないでゆきましょう。それがチェイニングつまり連鎖化です。全部できなくても、最後のところがやれたら、とても喜びます。ほめてもらうと、うれしさの効果はどんどんさかのぼって行きます（このことを逆行チェイニングと呼んでいます）。袖口から脱げたら、次は肘から脱ごうとするようになります。頭の上だけ残しておいたシャツやセーターを脱げたら、次は首から脱ごうとするようになります。そうした意欲を持たせるためには、ちょっとでもできたら、必ずそれをほめてください。

子どもによって歩みは違う

　お母さんやお父さんにとってはなんでもないことでも、幼い子どもにとってはとてもむずかしいということを、私たちはつい忘れてしまいます。そのため、「お隣の〇〇ちゃんはできるのに」「どうしてうちの子は、こんな簡単なことができないの？」という不満が頭を持ち上げます。

　でも、子どもの発達は毎日少しずつ、ゆっくりとしか進みません。たまに、遊びにくる親戚の子どもを見ると、「わー、大きくなった」と思いますが、その子どものご両親は自分の子どもを毎日見ていますから、「急に大きくなった」という実感はないでしょう。それなのに、お母さんもお父さんも、自分のお子さんに対しては、たまに見るよその子どものようにいっぺんになんでもできることを期待してしまいます。でも、それは無理な注文です。子どもの成長は「少しずつ」なのです。

　幼稚園や保育所で子どもたちを見てください。背が高い子どもがいますが、背が低い子どもも大勢います。がっちりした体格の子、やせた子ども、いろいろです。子どもはみんな違います。それは身体だけではありません。何をやれるかにも当てはまります。ですから、お隣の□□ちゃんができることを、わが家の○○ちゃんができなくても当たり前なのです。○○ちゃんはほかのことができるにちがいありません。

勉強でも音楽でもスポーツでも、大人と同じで子どもにも得意と不得意があります。不得意なことは、まず簡単なことからやらせましょう。ここでも、「少しずつ、少しずつ」です。少しできたら、それをほめてあげましょう。一緒になって喜んであげてください。お母さんがほめてあげると、子どもは喜びます。それが、自信につながります。どんなことでも、自信がないとなかなか上手にやれません。お母さんからみれば、ほんのちょっとしたことでも、子どもにとっては「大きな」ことなのです。ちょっとしたことでも、それを「やれた！」と思うことが、小さな自信を与えます。小さな自信が自尊心を育て、やる気につながるのです。

親子の間だって同じです。お母さんは私をこんなに大事にしてくれるのだから、こんなに愛してくれるのだから、「お母さんやお父さんにとって、私は大切なのだ」という気持ちを持つことが心の栄養になり、大きな心理的支えになります。それが成長を助けます。

子どものやれる範囲で心をのばす

子どもの発達に応じて、できるだけ無理のない範囲で、新しいことを経験させせましょう。でも、いくらお母さんが、「子どものやれる範囲で」と思っても、子どもは自分の力でやれる範囲をこえて、まだできないことに挑戦しようとします。そんな時には、子どもに全部やらせて、一度失敗を経験させるのもいいでしょう。でも、大きな失敗をすると、子どもはやる気を失ってしまい臆病になることがあります。ですから、お母さんが「ちょっと無理だな」と感じたら、助けてあげる方が安全かもしれません。

この本では、できるだけ子どものやれるところをのばすことを強調しています。また、悪いところを減らそうとするよりも、良いところを増やすことを提案しています。でも、子どもが自分を抑えることができないときには、お母さんが子どもの代わりに抑えてあげることが必要です。子どもがお家に一人で帰れないときには、お母さんが手を引いてあげるのと同じことです。

お母さんやお父さんが子どもに「あれは良いこと」「これは悪いこと」をまったく

教えないで、全部子どもにまかせてしまうと、子どもは自分で自分をどうしたら良いかわからなくなって、自由を喜ぶどころか不安になります。そのため、おどおどしたり、逆に乱暴になったりすることがあります。ですから、子どもがわかる範囲で、これは良いこと悪いこと、やって良いことやってはいけないことを教えてあげてください。

少し時間はかかりますが、やがて子どもは親の教えを少しずつ取り入れて、次第に善悪の判断や、いつ、どこで、何をしたらいいのか悪いのかがわかってきます。ただ、親は誰でも、つい子どもに理想を押しつけたがります。「ウソをついてはいけません」「正直にしなさい」とお母さんやお父さんは言います。私たちは子どもに自分でもできないようなことを要求していることがあります。子どもは、親がやっていることではなく、話すことや要求することをそのまま自分の善悪の基準にしてしまうことがあります。子どもに「良いこと」「悪いこと」を教えるときには、それが子どもにとって「やれる範囲」か「わかる範囲」かを考える必要がありそうです。

この時期の子どもを扱うお母さんも大変ですが、子どもは自分のなかで、良心と欲望というまったく違う力がぶつかっているので、自分でもとまどっている時期です。

子どもの目を見て話を聞きましょう

私たち日本人は誰かと話をするときに、あまり相手と視線を合わせません。下を向いたり、横を向いたり、相手の顔を見ないことが多いようです。でも、話をしている人にすれば、相手が自分の話を聞いてくれていても、自分の顔を見てくれないと、この人はいっしょうけんめいに聞いてくれていないという気になるでしょう。

お母さんはいつも忙しいのです。掃除をし、洗濯をし、食事を作り、その上子どもの宿題まで助けなくてはなりません。子どもの話を聞きながら、アイロンを当て、お料理をしていなければ、いくら時間があっても足りません。でも、子どもがお母さんに話をするときには、できるだけ子どもの目を見て聞いてあげてください。うなずいたり、あいづちを打ったり、それから子どもの話した言葉をくり返してください。相手の話したことをくり返すことは、「あなたの話をいっしょうけんめい聞いていますよ」と言っているのと同じです。

子どもの目を見ていると、お母さんの言うことに子どもがどんな反応をするかがわかります。子どもがどんな気持ちでいるかも理解できます。子どもの気持ちは顔の表情に出ます。ですから、言葉を聞くことも大切ですが、表情を観察することはそれと同じくらい大切です。

言葉で子どもに応答ができなくても、子どもの顔を見て、目と目を合わせる、にっこり笑う、子どもの話に応じて「残念だったね」とか「うれしいね」といった表情を顔で示すことができたら最高です。私たちのコミュニケーションの大半は、言葉ではなく、顔の表情、身体の姿勢、身ぶりといった言葉によらない方法で伝えられています。ですから、言葉だけに頼らなくても、子どもにはお母さんの気持ちが十分伝わることを覚えておいてください。「目は口ほどにものを言う」ということわざのとおりです。

子どもに比べると、お母さんはずっとずっとたくさんのことを知っていますし、いろんなことを考えることができます。ですから、子どもが「ゆっくり」「考えながら」話すのを聞いていると、つい待てずに、子どもが言おうとしていることを、先に言ってしまいます。面倒ですが、ちょっと待ってあげてください。これが子どもの話を聞くコツです。

子どもが相手のときだけではないかもしれませんね。お父さんと話すときも、お隣のお母さんと話すときにも、同じことをしてください。きっと、話がはずむと思います。

子どもの話に耳を傾けましょう

私たち大人はおしゃべりです。とくに子どもには、相手の話を聞くよりも親の意見を言っていることの方が多いようです。


「うるさいわね。子どもは黙ってなさい」

「あなたたちは口で言うばかりで、何もやろうとしないでしょ」

「もう寝る時間だから、黙って寝なさい」

「早くご飯をすませなさい。いつまで食べているのよ」


私たち親は、つい子どもに「ああしなさい」「こうしなさい」と命令しますが、子どもの話に耳を傾けることは少ないようです。子どもはお母さんに、積み木でお家を作ったこと、保育所で起こったこと、友だちに意地悪されたことなど、話したいことや訴えたいことがいっぱいあります。それは、お母さんが、お父さんに話を聞いてもらいたいと思うのと同じです。

お母さんが一方的にしゃべると、子どもはなかなか自分の気持ちや考えを言えません。そうなると、親からの一方通行の会話になりがちです。それを避けるには、まず子どもの話すことに耳を傾けましょう。耳を傾けるときには、子どもが話す内容だけでなく、子どもがどんな気持ちでいるかにも注目しましょう。まず、手始めは相手が話したことをくり返すことです。

子ども　「今日はとっても疲れちゃった」
お母さん「○○君、疲れたのね」

子ども　「今日は宿題がいっぱい出ちゃった」
お母さん「宿題がたくさん出たの」

こんな具合に、お母さんが子どもの話したことをくり返すことで、子どもはお母さんが自分の話を聞いてくれたことがわかります。これは、なんでもないことのようですが、とても大切なことです。私たちの日常生活のなかで、誰かが自分の話を熱心に聞いてくれることは、そんなにありません。それだけに、「聞いてもらえる」ことはとてもうれしい経験です。それがきっかけで、お母さんと子どもの会話がはずみます。
子どもとの話し合いでもっと大切なことは、子どもが話すことのなかから、子どもの気持ちをわかってあげることです。でも、それは簡単なことではありません。

子ども　「今日は雨だから、外で遊べないな」
お母さん「そう、つまんないわね」

子ども　「今日は、授業が終わってから、学校のまわりを一〇回駆け足させられちゃった」
お母さん「それは大変だったわね」

子ども　「今日の試験、もうちょっとのところで満点だったのになあ」
お母さん「それはくやしいわね」

こうしたお母さんの言葉からは、子どもの気持ちを理解していることがわかります。でも、もしお母さんが子どもの顔も見ないし、気持ちもくまなければ、子どもはいつの間にかお母さんから遠ざかってしまうでしょう。それは、お母さんと子どもの間でも、お母さんとお父さんとの間でも同じことです。お互いの顔を見て話し、相手の気持ちを言葉に出して言うことはとても大切なことだと思います。

お母さん「今日は学校どうだった」
子ども「今日は音楽の時間にコンテストがあったの」
お母さん「そう、それで」
子ども「僕ね、クラスの代表のひとりに選ばれたんだ」
お母さん「それはすごい」
子ども「だから、次の学校の音楽会で一年から六年までのコーラスで歌うことになったんだよ」

お母さんが子どもにちょっと注目と関心を示すことで、子どもの反応はずいぶん違ってきます。お母さんが子どものやっていることに関心を示し、話をいっしょうけんめいに聞くことは、子どもが話すことを励まします。子どもが話すことに、一種のごほうびをあげているわけです。

子どもの気持ちを言ってあげましょう

私たちには、考える、知る、良し悪しを区別するといった頭を使って「考える」部分と、好きとかきらいという「気持ち」の部分があります。それは大人でも子どもでも同じです。

ご両親や学校の先生にとって、子どもがいくつ字を覚えたか、どれだけ九九をやれるようになったかは、具体的でわかりやすいことです。こうした目に見えることに比べると、子どもの気持ちを理解するのはとてもむずかしいことです。

お母さんは、なぜお父さんを好きになり、結婚したのですか。やさしかったからですか。ハンサムだったからですか。男らしかったからですか。正面きって、こうたずねられると、答えにくいものですね。気持ちというのは、自分でもわかりにくいときがあります。

ですから、夫婦や親子の間でも、相手の気持ちがわかったら、「わかった」ということを、言葉に出して相手に伝えてください。お母さんがうれしいときに、お父さんから「〇〇、よかったね、うれしいだろう」と気持ちを言ってもらえたら、最高の気分ですね。また、くやしいときに、お父さんから、「そんなこと言われたら、誰だって腹がたつよ」とか「それはくやしいね」と言ってもらえたらとても慰められます。

子どもだって同じです。お母さんから、「○○ちゃん、良くできたね。うれしいでしょう」と言ってもらえたら喜びます。また、「○○ちゃん、うまくやれなくてくやしいね」と気持ちを言ってもらえたらとても慰められます。「くやしいね」と言われたときは、子どもは泣いているかもしれません。怒っているかもしれません。そのときは、泣いたりわめいたりするかもしれません。でも心のなかでは、「お母さんは、私の気持ちをわかってくれている」と感じているはずです。

相手の気持ちをキャッチして、「わかった」ということを相手に伝えるためには、相手の気持ちを言葉にだして言うことがとても大切です。それによって、お母さんと子どもの気持ちと気持ち、心と心の距離がぐんと近くなります。それは、お母さんとお父さんの間でも一緒です。

子どもが話すまで待ちましょう

私たち大人は、子どもに「どのお菓子を食べたい？」「何をやりたい？」「どの映画を見たい？」とたずねておいて、「チョコレートケーキにしましょう」「○○ゲームをしましょう」「○○を見ましょう」と子どもが言うのを待たずに決めてしまうときがあります。

大人と違って、子どもは自分がほしいものや、やりたいことを迷っているのです。すぐには答えられないのです。そんなときに、親が「○○にしましょう！」「○○へ行きましょう」と先回りをして言ってしまいがちです。親ならば誰でも、そうした誘惑にかられます。そんなときに、黙って子どもの答えを待ちましょう。子どもが話すまで、じっとがまんしましょう。でも、相手が話すまで黙って待つのは辛抱がいります。

私たち大人はせっかちです。大人のテンポで考え、大人のテンポで話します。ですから、子どもにも大人のテンポで考えたり、話すことを求めがちです。そして、子どもが自分から話すのを待てないようです。子どもはお母さんと話すときに、お母さんの早さについていけません。ですから、子どもが「何を考えているのか」「どう思っ

ている か」を話すまで、せかさないで、落ちついて、気を長くして待ちましょう。

多くのお母さんやお父さんは、「この子は、自分の子どもだから、何を考えているかわかっている」と思いがちです。そのことは悪いことではありません。でも、「自分の子ども」と言うとき、心の奥底で「この子は私が産んで、育ててあげた子どもだ」という気持ちがないでしょうか。そうした気持ちが、子どもに「ああしなさい、こうしなさい」と命令し、親の意見をつい言わせてしまうのです。親であっても、子どもの気持ちや考えがわからないときだってあるはずです。

子どもが話す前に、お母さんが自分の意見を言ってしまうもう一つの理由は、誰にとっても「沈黙」は気まずいからです。もし、誰かがまちがったことをしているのを見ても、それが赤の他人ならば、平気とまではいかなくても、その人に向かって「あなたはまちがっています」とは言わないでしょう。でも、それが親しい人、とくに自分の子どもだと黙っていられません。ことによると、子どもが自分の延長とか自分の一部のような気がしているからかもしれません。

理由はいろいろあるでしょうが、まず、子どもが話すまで待ちましょう。

わかりやすく話しましょう

子どもにはわかりやすい、やさしい言葉を使ってください。話すときには言葉の調子も大切です。注意をするときには、どこが悪いか、どうしてほしいかを、「きっぱり」とした語調で言いましょう。少し権威をもって言うといいでしょう。でも、ほめるときには、お母さんがうれしそうに、にこにこしてどこが良かったかを言ってあげてください。どこが良かったかを言うときには、熱心に、子どもの目を見て言ってください。

子どもに何かをやらせるために、お約束表を使うことを4章から紹介しますが、子どもにやってほしいことを話すときには、できるだけ静かなところで説明してください。テレビを消して、子どもの目を見て、子どもの目の高さまでお母さんは姿勢を低くして、話し合ってください。まだ背が低い子どもの前にお母さんが立って話すのは、普段はかまいませんが、約束をしたり、たしなめたりするときには、背を低くして、子どもの目線の高さに立つ方が、子どもにお母さんの言おうとしていることがよく伝わります。

子どもが悪いことをしたときには、叱ってもいいのです。叱らないといけないときだってあります。たとえば、子どもが自分の気持ちを押さえることができないようなときには、子どもの代わりにお母さんが、子どもを叱ってあげてください。でも、叱るだけではなく、子どもに「何をどうしてほしいか」を考えさせましょう。子どもが考えることができなければ、どうしてほしいかを説明してください。

叱るときには、どこが悪いのか、お母さんはなぜ困っているのかを、子どもに説明しましょう。そして、「どうしてほしいか」を言ってあげてください。子どもがお母さんの言ったことを、ちょっとでもしたら、それをすぐにほめてください。子どもがやろうとしても、できないときもあります。でも、お母さんの言ったことをやろうとしていたら、少しずつできるようになってきます。ですから、努力していることを「○○をやろうとしてえらいわね」と言ってあげてください。

子どもが、今までよりも良くなってきたら、それも言ってあげましょう。私たち親の悪いところは、叱ってばかりいて、「どうしてほしいか」「何をしてほしいか」を具体的に言わないことです。子どもの行動が良くなったときに、「良くなったね」「努力しているのがわかるよ」「それはすごい」とほめるのを、つい忘れているのではないでしょうか。

「なぜ?」の代わりに「何を?」「どんな?」

大人でも子どもでも「なぜそんなことをしたの?」とたずねられると、理由を考えなくてはなりません。ですから、気持ちではなく理由が返ってきます。それに、子どもはなぜとたずねられても、その理由はなかなかわかりません。大人にだって、理由がわからないことがいっぱいありませんか?

ですから、「なぜ」の代わりに、「何を」とか「どんな」というたずね方だと具体的に、子どもの気持ちや考えが返ってきます。「何を」とか「どんな」という質問は、「はい」「いいえ」で答えられない質問だからです。

お母さん「今日は保育園で楽しかった?」
子ども「うん」
お母さん「今日は保育園どうだった?」
子ども「とっても、楽しかった」

お母さん「何が楽しかったの？」
子ども　「みんなで、七夕のささに『たんざく』をつけたんだよ」
お母さん「それはすごい。○○ちゃんは、なんてかいたの」
子ども　「『げんきな子』って書いたの」

「何が」「どうしたの」といった形の質問だと、「はい」「いいえ」で答えることはありません。ですから、お母さんと子どもの会話は続いていくのです。
会話を続けるもう一つの方法は、「と、言うと？」「それで？」と相手に話をうながす言葉を使うことです。

子ども　「どっちにしようか、迷っているの」
お母さん「と、言うと？」
子ども　「学園祭で、コーラスで出ようか、ダンスに出ようか迷っているの」
お母さん「そう、むずかしいわね」
子ども　「そうなのよ。困っちゃった」

シングルの子育て

この本の読者のなかには、シングルマザーの方々も大勢おられるでしょう。一人でお仕事をなさり、それが終わって家に帰ってお母さんの役割をなさることは、とても大変なことです。シングルマザーにかぎりません、保育所に子どもを預けて働いているお母さんも、お子さんに接する時間が限られていると心配しておられるに違いありません。

たしかに、ずっとお家にいるお母さんと比べると、働いているお母さんは、お子さんと接する時間が短くなるのは当然です。そうした方には、2章で紹介するように、時間を区切って子どもと遊ぶことを実行して、密度の濃い遊びと触れ合いをすることで、お母さんの注目と関心をより細やかに子どもに伝えることが可能です。もしできるならば、その時間を一〇分間ではなく、二〇分間にしていただきたいと思います。

お母さんだけでは、子どもの成長が不安だと思われる方に、カウンセラーとしての私の経験をお伝えしましょう。カウンセラーだって女か男のどちらかです。女のカウンセラーは男にはなれません。でも、相談にいらっしゃる方は、女性のカウンセラーのなかに暖かさややさしさといった世間でよく言われる「女性的」なところを感じるだけではなく、強さやたくましさといった、世間では男性の特徴と言われるような要素も見出すでしょう。簡単に言えば、相談にこられる方は、カウンセラーの持つ心理的な持ち味を感じとり、それを分けてもらったり、まねしたりして、成長してゆくのです。女性にはやさしさだけでなく、さまざまな性質が備わっています。ですから、相談にいらした方は、女性のカウンセラーのなかの、やさしさや暖かさだけではなく、強さやたくましさに接し、それを見習ったり、もらったりして成長してゆくのです。

カウンセラーだけではありません。シングルマザーの方は、暖かさややさしさという特質をお持ちです。しかし、同時に、強さとかたくましさという特質だってお持ちです。女の子も男の子も、一人のお母さんのなかに、女性的な要素と男性的な要素の両方を見出し、それに接し、また見習って、女として、あるいは、男として成長してゆくのです。もちろん、子どもは成長につれて、家族以外の人と交わり、そのなかから母親や父親の要素を持つ人たちを見つけて、いろんなことを見習います。それは、全ての子どもの成長過程で起こることです。ですから、シングルマザーだからといって、心配なさらないでください。

コラム

ハーローという心理学者はこんな実験をしています。むき出しの針金で作ったお母さん人形と、柔らかい布でつつんだお母さん人形をつくりました。そして、それぞれの人形に哺乳ビンをとりつけ、赤毛ザルの赤ちゃんに、どちらか一方の人形だけからミルクを飲ませて育てました。それから、赤ちゃんザルをみんな一緒にして、その部屋に針金人形と布地人形を置いてみました。すると、どっちのお母さん人形にミルクをもらったかには関係なく、子ザルはみんな柔らかくて暖かい布地の人形のところにいきました。

次に、この子ザルたちに、怖い格好をした動くおもちゃを近づけると、子ザルはみんな布地の人形のところへ逃げてゆきました。そして、しばらく布地の人形にしがみついていましたが、やがて自分からおもちゃに近づき、おもちゃを攻撃し始めたのです。

この実験は、お母さんの暖かさやスキンシップの大切さを証明していると思います。危険に出会ったときに、子どもはまずお母さんのところへ行って、やさしさと励ましをもらいます。それが「安心」と「やすらぎ」を与え、勇気のみなもとになるのです。

2

ホメよ育てよ

ほめてもらうと勇気がでます

　お母さんが自分の鼻を指でさして、「○○ちゃん、これはなに？」とたずねました。子どもは「ハナ」と答えました。お母さんはにっこり笑って頭をなでてほめました。子どもがうれしそうな顔をしたので、お母さんは「○○ちゃんは、お利口ね」と言って、今度は自分の耳を引っぱって「これは何ですか？」とたずねました。子どもは「ミミ」と答えました。お母さんは喜んで、身体のあちらこちらを指さして、親と子の質問と答えは延々と続きました。お母さんの質問に子どもがちゃんと答えられたので、お母さんは、また子どもに質問をしたのです。お母さんがほめるのが、子どもにとってごほうびであるように、子どもが質問に正しく答えることは、お母さんにとってもごほうびです。こうして、お母さんと子どもは、お互いにごほうびを交換しているのです。

　子どもが、いっしょうけんめいに歩いたり、走ったり、質問に答えたり、話したりするのは、お母さんにほめてもらい、励ましてもらい、感心してもらい、喜んでもらい、反応してもらっているからです。いくらやっても、お母さんからほめてももらえない、関心も示してもらえなかったら、続ける気はなくなります。

「子どもをほめると癖になる」「ほめないとしない子になる」と言う人がいます。でも、いっしょうけんめいにやっても誰も注目してくれなかったら、大人だって張り合いがなくなるでしょう。大人は働けばお給料がもらえます。これは「よく働きましたね」という意味でもらうのです。もし、お給料がもらえなければ、誰もその職場で働かないでしょう。子育てにはお給料は払われません。でも、子どもが喜び、成長するのをみて親も喜び、ほめると子どもがやる気をだすから、張り合いがでるのです。

コラム

ほめてもらったことは、またやるようになります。心理学ではほめるとかごほうびのように、行動を増やすものを強化子と呼んでいます。しかし、いくらほめても行動が増えなければ、強化子とは呼びません。ほめたりごほうびを「与える」と行動が増えることを、「正の強化」と呼んでいます。この場合、「正」とは「与える」という意味で、「強化」とは行動が「増える」ことを指しています。なんだか理屈っぽいようですが、子どものしつけには大切な原理です。

大人だってほめられたらうれしい

　ほめられてうれしいのは、子どもだけではありません。もし、お父さんが「君の作ったご飯はおいしいね」「ヘアカットに行ってきたね」「そのブラウスよく似合う」などと言ってくれたら、お母さんはうれしいですね。でも、たいていのお父さんは、なかなかそんなことを言ってくれません。実は、言いたくても、なんとなく恥ずかしいのです。でも、お父さんが言うのをじっと待っているだけでは、いつまでたってもお父さんはお母さんの良いところに気づいてくれません。気づいているのでしょうが、言葉に出して言ってくれません。

　それだったら、お母さんの方から、お父さんの良いところを言葉に出して言ってみましょう。注目、関心、賞賛がごほうびになるのは、子どもに限ったことではありません。お母さんにだって、お父さんにだって、とてもうれしいものです。ただ、子どもの行動を変えるのに時間がかかるように、大人の行動を変えるのは、もっと時間がかかります。

　もしも、言葉に出して言うのが恥ずかしかったら、相手の目を見て、にっこり笑うだけでもいいでしょう。子どもに「少しずつ」「少しずつ」やらせるように、ご自分でもお父さんの良いところ、お母さんが喜んでいることを、笑ったり、ちょっと相手に触ったりといったことで伝えましょう。きっと、言葉と同じようなコミュニケーションになると思います。

人間関係では相手に与えたものが、自分に返ってきます。プラスを与えれば、プラスが返ってきます。でも、マイナスを与えれば、マイナスが返ってきます。つまり、好意を示せば、好意が返ってきます。親切にすれば、親切が返ってきます。でも、意地悪をしたり、悪口を言ったり、あるいは無視したりすれば、相手も同じようなことをします。子どもをいつも叱ったり、どなったりしていると、子どもはますます親の言うことをきかなくなったり、口答えをしたり、親に寄り付かなくなります。そして、残念なことに、プラスにプラスが返ってくるよりも、マイナスにマイナスが返って来る確率の方が高いのです。この公式は親と子どもの間だけではなく、お母さんにも、お父さんにも、誰にでも当てはまることです。

どなるとかたたくといった形のしつけをすれば、子どもは反抗したり、親をいやがったり、怖がったりします。親に直接そうした態度や行動をとらなくても、どこかで誰かに、暴力をふるったり、いじめたり、意地悪をしたりするようになります。

ほめても効果がない？

「ほめたけど効果がない」というお母さんがいらっしゃいます。そうです。残念ながら一回ほめただけでは、あまり効果はあがりません。ですから、困ったおこないがちょっとでも良くなったら、何度でもほめてください。

「ほめたのに、効果がない」というお母さんに共通なのは、ほめる回数よりも、叱る回数の方がずっと多いことです。叱るとすぐに効果は出るのですが、その効果は長続きしません。でも、効き目がすぐに現れるので、ついまた叱ってしまうのです。何度も叱っていると、子どもは親に「怖い」とか「うるさい」といった気持ちを持つようになります。すると、親を避けるとかいやがるようになります。そして、親の言うことを聞かなくなります。

お母さんやお父さんにかぎりません。人間は誰でも「せっかち」です。ほめたら子どもがすぐに変わって、良くなることを期待します。でも、今まで、やってきたことや習慣をなおすのですから、時間がかかります。お母さんだって、長年の習慣を変えようとすると、時間がかかることを経験していませんか。子どもだって、同じです。

今までやっていなかったことを、やらせようと思っても、すぐにはやれません。でも、諦めないでください。変化は少しずつ起こってきます。ごくわずかの進歩や変化を見逃さないで、「良くなってきた」とほめてください。まだ良くなっていなくても、子どもがやろうとしていたら、その努力をほめてください。「〇〇ちゃん、えらーい。がんばっている」といった具合です。

子どもに何をしてほしいか、具体的に、はっきりと伝えましょう。「ちゃんとしなさい」といった漠然とした指示でなく、「積み木は積み木箱に、本は本箱に入れましょう」と具体的に言いましょう。具体的というのは、ひとつ、ふたつと勘定ができます。あるいは、何分間、何センチ、何グラムといった具合に測れるものが多いようです。「〇〇ちゃん、本を何冊本箱にもどせるかな？　お母さんが数えてあげましょう」とか「□□ちゃんが、三〇分間で朝ご飯を食べてくれると、お母さんはうれしいな」といった感じです。そして、子どもがお母さんの指示を守ったら、実行したら、必ず、そのたびにほめてください。子どもは「お母さんの言いつけを守ればほめてもらえる」ということがわかるようになります。

ほめるところを見つけるのはむずかしい？

　子どもをほめたけれども、良くならない、困った行動がなくならないという言葉をよく耳にします。急にほめても、子どもの行動は良くならないことが多いようです。ですから、日頃から子どもの良いところをほめていることが大切です。ちょっとでも良くなったらこまめにほめるようにしていると、子どものやることが少しずつ変わってきます。いちいちほめるのは面倒だとほめないでいて、たまに一回や二回ほめても、子どもの行動は変わりません。

　子どものちょっとした進歩を見つけることは、けっこうむずかしいことです。また、仮に見つけても、ほとんどのお母さんは「この程度のことでほめては、甘やかしになってしまう」と考えがちです。しかし、良くなったところをほめるのは、決して甘やかしではありません。甘やかしというのは、悪いことをしていても、「よしよし」と言ってほめるとか、ほめないまでも黙認してしまうことです。つまり、「それは悪いことですよ」と注意をしない、どうやってほしいかを言わないことです。この本でお願いしているのは、どこが悪いかを言い、どうしてほしいかを伝え、それをやったら「良くできました」と言ってほめてあげることです。

「どこをほめていいかわからない」と言うお母さんがいます。そうした方は、子どもがすでにやっている良いところを紙に書いてください。朝、時間通りに起きてきましたか。「おはよう」とごあいさつをしましたか。歯をみがきましたか。顔を洗いましたか。ひとりで洋服を着ましたか。ご飯の前に「いただきます」と言いましたか。朝ご飯を食べましたか。「ごちそうさま」と言いましたか。こうした、ちょっとした、当たりまえのことを子どもがやっているか、注意して見てください。それを紙に書いて台所の壁か冷蔵庫に張っておいてください。そうすれば、お母さんはそんな簡単で、やって当たり前のことでも、やれていたらほめることを思い出すに違いありません。

ほめるときには、どこが、なぜ良かったかを言ってあげてください。子どもが、「おはようございます」と朝のあいさつをしたら、「〇〇ちゃん、おはよう。朝のごあいさつができてえらいわね。朝、ごあいさつで始まると、一日気持ちがいいものね」といった具合です。夕食後、子どもが、後片づけを手伝ってくれたら、「食器を流しまで持っていってくれると、お母さんは運ばなくてもすむので助かるわ。洗うだけでいいのだから。ありがとう」と、なぜお手伝いをしてくれるとうれしいか、その理由を言ってほめてください。

「○○しなさい」は一度にひとつ

たいていの子どもは、お母さんが一度に三つも四つも要求すると、「大変だ！」と言っているかのように、何もしなくなります。でも、一度にひとつだけならば、結構やれるものです。

子どもに「自分の部屋を掃除しなさい」「食べた食器を流しへ持ってゆきなさい」「お皿洗いをしなさい」とお手伝いをたくさん言われると、手伝おうという気持ちがなくなります。ですから、次から次へお手伝いを並べるのではなく、やさしいものをひとつだけ取り上げて、「○○君、今日は食べ終わったら、あなたの食器を流しまで持って行きましょう」と一番やさしいことからやらせましょう。

これまで、まったく食器を流しに運んだことがない子どもならば、食べ終わったら自分の使った食器を運ぶことから始めましょう。まだるっこいようですが、「急いては事を仕損じる」です。自分の食器を運ぶことができるようになったら、ほかの家族の分も持ってゆくように頼みましょう。食器を運ぶことができるようになったら、食器を誰かが運んで、子どもに食器を洗うことをやらせてみてください。お母さんがスポンジを濡らして洗剤をつけて、お茶碗やお皿を洗って見せてあげてください。そして、お母さんと同じようにやらせてみて、それができたらほめてあげてください。

「あ、上手にお茶碗を洗っている、すごいわね！」

「わー、お椀がきれいになった、ありがとう！」

はじめは、自分のお茶碗とお椀だけでもいいと思います。それができるようになったら、自分の使ったお皿を洗いましょう。やがて、家族全員の食器を洗えるようにしましょう。しかし、いっぺんに家族全員の食器を洗わせるのではなく、時間をかけて、少しずつ洗う食器を増やしてゆきましょう。

コラム

この本では、「少しずつ、少しずつ」「区切ってやらせる」という言葉がよく出てきます。それは行動心理学のスモールステップ、アプロクシメーション、シェイピングといった考え方で、「逐次接近法」とか「漸次的接近法」と訳されています。すべて簡単なことをやらせながら、次第に複雑な行動ができるようにする「反応形成法」の考えに基づいています。また、子どもがちょっとでも良くなったら、すぐにほめてくださいとお願いしていますが、それはオペラント条件づけの「正の強化」に基づいています。

高すぎる目標はやる気をなくす

子どもに何かをさせる時には、「少しずつ、少しずつ」と何度も書いてきました。でも、子どもにとって、目標を高く置くことは大切です。親がそれを望んでいるだけではありません。子どもだって、勉強でも、音楽でも、スポーツでも、良い成績をあげたいのです。でも、残念ながら、最初からそんなに高いレベルのことはできません。あまりむずかしいことを要求すると、経験するのは失敗ばかりです。

失敗を繰り返していると、いつの間にか「私はダメだ」「僕には能力がない」と思うようになってしまいます。ですから、まず子どもがちょっと努力すればできることからやらせましょう。やさしいことから始め

てください。「なんだ、そんな簡単なことか」と思わないでください。大人にとってはなんでもないことでも、子どもにとっては結構むずかしいことなのです。そして、それがやれるようになったら、少しずつ目標を上げてゆきましょう。

子どもがいっしょうけんめいやっても、できない時もあります。そんなときには、子どもはがっかりしますが、お母さんもがっかりします。でも、そんな時こそ、子どもが努力していることをほめてあげてください。「○○ちゃんは、いっしょうけんめいにやってえらいわね」といった具合です。こうした言葉が、子どもが努力を続ける原動力になるのです。

コラム

セリグマンという心理学者は、「犬を逃げだせない状態にして何度も何度も電気ショックを与えた後、犬を逃げられる状態にして電気ショックを与えても、犬は逃げようとしない」ということを発見しました。彼はそれを「学習された無力感」と名付けたのです。あまりにも高い目標やむずかしいことにむかって失敗を重ねると子どもはやる気をなくしてしまいます。セリグマンの実験の犬が逃げようとしなくなったのと、よく似ていますね。それどころか、できることもしなくなってしまいます。

お手本が大切

学校の先生は、どうやって字を書くかを、生徒に見せます。そして、生徒が上手に書けたら、「うまく書けたね」とほめます。ピアノの先生はどう弾けばいいか、自分が弾いてみせます。ピアノの先生も生徒に「上手に弾けたわね」とすぐにほめます。こうして、子どもは字を書くことやピアノを弾くことが上手になっていくのです。

お母さんが子どもに、何をどうしてほしいかを具体的に言ってあげることは、とても大切です。そして、お母さんやお父さんがお手本を見せることは、それと同じくらい良い教え方だと思います。でも、一回見せただけでは、子どもはなかなかやれないので、何度もお手本を見せてあげてください。お母さんだけでなく、お父さんもお手本を見せてあげてください。お手本が多いほど、子どもにはまねしやすくなります。

お手本を見せるときに、はじめから終わりまでをいっぺんに見せるだけでなく、いくつかの部分に区切って、段階ごとにどうやるか見せて、練習させてください。それが成功の秘訣です。そして、少しでもできたら、すぐにほめてあげてください。

たとえば、ソックスをひとりで脱げない子どもに脱ぎ方を教えるのならば、ほとんどつま先まで脱がしておいて、最後のところをポンと脱ぐのを見せてあげると効果的です。シャツを脱ぐのならば、まず袖をどうやって脱ぐかを見せて、そのまねをさせ、袖が脱げたらほめてあげましょう。次に、もう一方の腕も抜いて見せて、それをまねさせ、脱げたらほめましょう。次は胴体のところを下から胸ぐらいまでもってくるところを見せましょう。まねができたらほめましょう。最後はひっくり返して首と頭を通して脱ぐところです。こうして、小さく区切って、何度もお手本を見せて教えるほうが、早く、上手にできるようになると思います。

コラム

お手本を見せて教えることをモデリングつまり模擬学習と呼んでいます。この時にオペラント条件づけの「少しでもできたら、すぐにほめる」というスモールステップの原理にしたがって、正の強化も使うとより効果的です。

ほめる効果を上げるには

お母さんは朝から晩まで忙しい毎日です。でも、一日一回一〇分間、できれば二〇分間、時間を区切って、その間は家事の手を休め、子どもと遊ぶことに集中してみてください。この一〇分間は、子どもがお母さんを今まで以上に好きになり、子どもをほめるときの効果を絶対に強めます。こんな具合に説明して実行してください。

「今から一〇分間（あるいは二〇分間）、お母さんはお仕事をやめて〇〇ちゃんと遊ぶわね」と言って、キッチンタイマーを終了時刻に合わせて、「よーい、スタート」で遊びを始めてください。この時間は、子どもがお母さんを独占できる時間です。

この時間のあいだは、お子さんに「ああしなさい」「こうしなさい」と言わないでください。子どもが自由に遊ぶのを、そばで見ていてください。子どもが絵を描いていたら、「あ、お家の絵だ」「赤い屋根ね」と、子どもがやっていることをお母さんが言ってあげるか、ご自分も一緒に同じ絵を描いてください。子どもが窓を黒くぬっても、この時間は叱らないでください。「窓は黒じゃないでしょ」と言わないでください。子どもが何かを言ったら、その言葉をそのまま「おうむ返し」にくり返してください。相手の話をくり返すことは、「あなたの話をいっしょうけんめいに聞いていますよ」と言っているのと同じです。

そして子どものやっていることをほめてあげてください。「○○ちゃん、きれいにお家が描けてる。赤い屋根ね。お窓も描けてる」といった具合です。この時間は、子どもが今やっている遊びを大事にする時間なのです。

きっと子どもはこの時間を楽しみ、「もっと遊ぼう」と要求すると思います。そのときは、きっぱりと「一〇分間のお約束だったでしょう。また、明日遊びましょう」と言って、さらりと終わってください。子どもが泣いても、それは無視しましょう。毎日一〇分間とか二〇分間の遊びを続けていれば子どもも慣れてきて、泣いたりわめいたりして「もっと」と要求しなくなります。

コラム

幼い子どものカウンセリングは、大人相手のようにはやれません。子どもには、自分の心のなかを言葉で十分に表現できないからです。ですから、おもちゃがいっぱい置いてある遊戯療法の部屋で自由に遊んでもらい、カウンセラーは子どもを暖かく受けいれ、そばでじっと見守ることに徹し、遊びのなかで子どもが自分を自由に表現できるように心がけます。ここで紹介した方法のヒントになっています。

ほめる回数

お母さんが「やりなさい」と言ったことを、子どもがしたら、すぐにほめてくださ い。ほめる効果は、時間がたてばたつほど薄れていきます。ですから、子どもが手を洗ったら、すぐに「○○ちゃん、手を洗ってえらいわね」と言ってほめてあげましょう。はじめのうちは、水でちょっと洗っただけでもいいと思います。今まで手を洗う習慣がなかった子どもだったら、ほんのちょっと水道の水で両手をこすっただけでも、おおいにほめてください。でも一回ほめたからといって、ほめる効果はすぐに現れません。はじめのうちは、毎回ほめてください。面倒くさいようですが、子どもが良い習慣を身につけるには、お母さんの時間と手間がかかります。

外から帰ってきたときに、水で手を洗うようになったら、石鹸できれいに洗う方法を教えましょう。まず、最初は少し石鹸をつけることからです。それができるようになったら、両手に石鹸の泡がいっぱいつくまで、両手をこすることを教えましょう。それがやれたら、石鹸のあわが手首までゆくようにしましょう。そして、少しずつ、丁寧に洗うようにさせてください。つまり、両手をちょこちょこと洗っていたときよりも、本格的に洗うレベルまで、段階をふんでやらせてゆくのです。何でもいっぺんには上手になりませんが、少しできるようになったら、ちょっとだけ長く、ちょっとだけ丁寧にと、少しずつ要求水準をあげてゆきましょう。高いレベルで上手にやれるようになったら、逆にほめる回数をだんだん減らしていきます。そしていつも正しくきれいに洗うことができるようになったら、時々ほめるようにしましょう。

毎回、ほめてもらった方が良い習慣は早く身につきますが、そのやり方だとほめないとやらなくなります。一方、時々しかほめないのでは、なかなか良い習慣は身につきません。でも、この方法で身につけたことは、ちょっとくらいほめられなくても長続きします。

コラム

心理学では毎回ほめるとかごほうびをあげることを「連続強化」と言います。この方法を使うと、新しい行動を早く身につけることができます。これに対して、ときどきごほうびをあげることを「間欠強化」と言います。このやり方ですと、新しい行動を身につけるのに時間がかかります。しかし、このやり方で行動を身につけると、少しぐらいごほうびをもらえなくても、行動は持続します。ですから、はじめは連続強化を使い、それで行動が身についたら、間欠強化に切り替えるようにお願いしているのです。

ほめるのが遅くなってしまったとき

子どもが良いことをしたら、すぐにほめるのが大切なことは、何度も説明してきました。でも残念ながらすぐにほめることができなかったときには、後になってからでもいいですから、子どものやった良かったところを言ってほめてあげてください。時間がたってからほめるときの問題は、お母さんがほめる直前に、子どもが悪いことをしているかもしれないことです。ですから、いきなりほめるのではなくて、「何をほめているのか」を言ってからほめるようにしましょう。そうすれば、子どもは何をほめられたかがわかります。

お父さんが仕事から帰ってくるのは、子どもが寝てしまってからかもしれません。寝ていなくても、子どもが良いことをした時から、ずいぶん時間がたっています。ですから、お父さんは「○○君、お手伝いをして、えらかったね。お父さんうれしい」といった具合に、何をほめているかをはっきりと言ってほめてください。

子どもをほめる時には、お母さんがなぜ喜んでいるか、その理由も言ってあげてください。たとえば、子どもがお片づけを助けてくれたならば、「○○ちゃんが、お片づけを手伝ってくれると、お母さんはご飯の用意が早くできるから、うれしいわ」とか「自分の部屋をきれいにしておくと、気持ちがいいでしょう」といった具合です。

ほめるときには、子どもの方に身体と顔をむけて、子どもの目を見てほめてあげてください。横をむいたままほめてもらっても、子どもはうれしくないでしょう。目を合わせて、お母さんがどれだけ喜んでいるかを、言葉と顔の表情、そして身体全体で伝えてあげてください。

コラム

結果をすぐに知らせることをフィードバックと呼んでいます。結果を教えてもらうことは、とても大きなはげみになります。また、それはごほうびの効果を持っています。陸上競技の選手はなぜあんなにいっしょうけんめいに走るのでしょう。自分の走るタイムを縮めたいからです。ゴールに入ったらコーチがすぐにタイムを伝えています。ランナーにとってはそれが励みであり、一種のごほうびです。

私たちの生活のなかで、結果がすぐわかることはやりますが、結果がずっと先でしかわからないことは敬遠しがちです。ダイエットの効果はすぐに現れません。一方、食べ物を口に入れたら、すぐに「おいしい」味を経験できます。ジョギングは健康に良いことは誰でも知っています。でも、健康になるのはずっと先の話です。ですから、しない人が多いのです。

ほめ言葉を豊富にしましょう

「良かった」「えらい」「すごい」「やったー」「すばらしい」「すてき」など、毎回いろんな言葉でほめることができれば最高です。でも、たとえ同じ言葉であっても、ほめないよりはほめる方が、ずっとずっと効果があるのです。ほめるときには、お母さんがどれだけ喜んでいるかを伝えることが大切です。ですから、子どものやったことが、どれだけすばらしいかを言ってあげてください。お母さんが喜んでいることを、言葉で言ってあげることはとても大切です。

【子どものやったことをほめる言葉】

「よくできたね」
「すごい」
「やったー」

【子どもの状態を言ってあげる】

「○○ちゃん、頭がいいわね」

「○○君、きまっているね」

「○○ちゃん、思いやりがあるのね」

「○○君、正確ね」

「○○ちゃん、熱心ね」

「○○君、積極的ね」


【子ども自身に価値があることを伝える】

「○○ちゃん、すてき」

「○○君、いちばん」

「○○ちゃん、えらかった」

「○○君、かっこいい！」

「○○ちゃん、最高！」


【お母さんの気持ちを伝える】

「ありがとう」

「お母さんうれしい」

「お母さん感動した」

「お母さん感心するわ」

子どもが好きなことをごほうびにする

　これまでお母さんが子どもに、注目する、話しかける、話を聞く、ほめる、結果を伝える、気持ちをくむといったことが、ごほうびになると説明してきました。でも、自分で自分をほめることもごほうびになります。それから、子どもにとって、好きなことをやるのは、それ自体がごほうびです。

　それをどのようにしつけに使うかというと、めったにやらないことの後で、よくやることをさせると、めったにやらないことが増えてくるのです。

　ある保育所の先生がこんなことに気づきました。子どもが部屋のなかを走りまわったり、大声で叫んで押し合いをしたり、椅子の取り合いをしている時間の方が、静かに座っている時間よりもはるかに多いということです。また、いくら先生が「お椅子に座りなさい」「静かにしなさい」と言っても、子どもたちは大声で叫びながら走り回るのでした。

　そこで先生は、子どもがほんの短い間だけ椅子に座って静かにしたら、その後は大声をあげて走りまわってもいいと子どもに話しました。そして、短い時間静かにしたら、本当に子どもたちに大騒ぎをして、部屋のなかを走りまわることを許しました。こうしたことをくり返しながら、少しずつ、静かにしている時間を長くしていき、数週間のうちに、子どもは長い時間じっと座っていることができるようになったというのです。

このアイディアは、きらいなおかずをちょっと食べたら、好きなおかずを食べてよいというやり方と似ています。テレビばかりを見て宿題をしない子どもには、宿題をしたらテレビを見てもよろしいというやり方も同じような考えだと思います。いろんなところに応用できそうですね。

コラム

めったにやらない行動の後に、よくやる行動をもってくると、めったにやらない行動が増えてきます。このことに気づいたプリマックという心理学者の名前をとって、「プリマックの原理」と呼ばれています。

知らずしらず困った行動を強めていませんか

子育ては、いつも理想通り、理論通りというわけにはいきません。気づかない間に、子どもの困った言動を強めてしまうこともよくあります。

あるお母さんが家で仕事をしているときに、子どもが「お母さん遊んで」と頼みました。そこでお母さんは仕事の手を休めて遊んであげました。子どもはとても喜びました。こうした経験から、子どもはお母さんにまた遊んでほしいと思うのは当然です。そしてお母さんが忙しいときでも「遊んで」と要求するようになります。でも、子どもと遊んでばかりいたら、お母さんは仕事ができませんから、「今、忙しいからだめよ」と断りました。子どもは納得しません。「お母さん、遊んで」と頼む声はどんどん大きくなります。困ったお母さんは「今忙しいから、また時間のあるときに遊んであげる」と言いました。でも、子どもはききわけません。子どもは大きな声で泣きながら隣の部屋に行って、床の上に寝ころんで手足をばたばたさせて、「お母さん、遊んで」と泣き叫びました。マンションの隣近所への騒音に気兼ねして、お母さんは子どもが泣いている所へ行って、子どもが泣きやむまで一緒に遊んであげました。

このことから、子どもが泣きわめいたときに、お母さんが行って遊んだことは、子どもが泣き叫ぶのを強める結果になったことはおわかりでしょう。こうして子どもは、お母さんに遊んでもらえないと、また大きな声で泣いたり、ぐずるようになってしまうのです。

ある肥満児のお母さんは、お医者さんと学校の先生から、「おやつに、あまりたくさんお菓子をあげないように。ご飯やおかずをたくさん食べさせないでください」と注意を受けました。それで夕食のときには、ご飯とおかずを軽くよそいました。

でも、子どもがおいしそうにお母さんの作った食事を食べると、お母さんは「そう、そんなにおいしいか？」と目を細めて子どもが食べるのを見ています。子どもはまたたくまにご飯とおかずをたいらげてしまいました。そして、「おかわり」と言いました。お母さんは「そう、おいしいのね。良かった」と大喜びをしてご飯とおかずを大盛りによそいました。

お母さんは肥満体の子どもにご飯やおかずをたくさん食べさせてはいけないことはよくわかっています。でも、お母さんにとって、自分が作ったご飯とおかずを子どもが「おいしい、おいしい」と食べてくれるのは、何よりもうれしいこと（つまり、ごほうび）です。子どもにとっても、おいしいご飯をお腹いっぱい食べることは、大きなごほうびです。こうやって、お互いにごほうびを出し合って、子どもの肥満はますます進んでゆくのです。

五歳の○○君は、ご飯を食べるのが下手で、いっぱいこぼします。お母さんは「ちゃんと食べなさいよ」と言って、いっしょうけんめいにお箸の使い方やお茶碗の持ち方を教えるのですが、なかなか上手に食べてくれません。今日もご飯粒をこぼしただけでなく、顔にもいっぱいつけてしまいました。それを見たお父さんはカメラを持ってきて、「○○の顔にご飯粒がついていていてかわいいから写真をとっておこう」と何枚も写真をとりました。子どもは顔にご飯粒をつけていると、お母さんからは「困った子ね、ちゃんと食べなさいよ」という注目、お父さんからは「記念写真をとろう」と大きな関心がもらえました。どちらも、一種のごほうびになっています。

あるお母さんが子どもに「お手伝いをしなさい」と言いましたが、子どもがブツブツ文句を言ったので、お母さんは自分でやる方が簡単だと思って、全部自分でやってしまいました。その結果、お手伝いを頼んでも、子どもはまたブツブツ言って、お母さんの言うことをきかなくなりました。

このように、私たちは自分では気づかずに、子どもの困ったおこないや悪い行動を強めていることが少なくありません。

3

じょうずに叱る

具体的な言葉で注意する

私たち親が子どもに注意をする言葉をふりかえってみると、「ちゃんとしなさい」「いい加減にしないと怒るわよ」「だめじゃないの」「おバカさんねー」といった言葉を連発しています。でも、「ちゃんとしなさい」というのは、どういう意味で言っているのでしょう。お客さまに「こんにちは」とあいさつをしなさいという意味でしょうか、それとも「ご飯をこぼさないで食べなさい」という意味なのでしょうか、あるいは「上着のボタンをかけなさい」という意味なのでしょうか。

「ちゃんとしなさい」という言葉は、具体的ではありません。ですから、子どもは何をしたらいいかわからないことがあります。お客さまにあいさつをさせたければ、「『こんにちは』と言いましょう」とか「ごあいさつをしなさい」と言えば、子どもはすぐに「こんにちは」と言うにちがいありません。上着を「ちゃんと」着させたければ「上着のボタンをかけなさい」と言いましょう。「ごあいさつをしなさい」とか「ボタンをかけなさい」という指示は具体的です。

子どもに何かをさせようと思えば、子どもが「何をするのか」をはっきりと思い浮かべられるような言葉で言わなくては、なかなかやりません。それに言うだけではなく、前もって練習をしておくことが大切です。まず、何を、なぜ、練習するのかを、子どもの目を見て話しましょう。子どもの目の高さまで、お母さんが姿勢を低くして話すことです。「〇〇ちゃん、お客さまが来たら『こんにちは』とごあいさつをしましょうね」。

説明だけでなく、子どもに練習させると効果的です。たとえば、「一度お母さんと練習してみましょう」と言って、「〇〇ちゃんが、お客さまよ。お母さんがごあいさつしますからね」と説明してから「こんにちは」とお母さんがお辞儀をして見せてあげましょう。それから、お母さんのごあいさつのまねを子どもにもさせましょう。「〇〇ちゃん、今度は、お母さんがお客さまですよ。お母さんがここへ来たら、『こんにちは』と言ってね」。こんな具合に、お母さんがどうするかを見せておくと、子どもはどうすればいいかがわかります。

子どもが、お客さま役のお母さんを見ても、「こんにちは」が言えなければ、お母さんが「ごあいさつしましょう」と声をかけてあげてください。そして、子どもがごあいさつできたら、「〇〇ちゃん、えらーい。ごあいさつができましたね」とすぐにほめてください。結果をすぐに伝えることは、とても大切です。

子どもの気持ちを理解し、お母さんの気持ちも伝える

　子どもが悪いことをするのを止めさせようと、私たちはつい子どもを叱ってしまいます。子どもを叱ると子どもも不愉快ですが、叱った方も不愉快です。ですから、悪いことをするのを減らすよりも、その反対の良いことをしたときにほめて良いおこないを増やしましょう。良いことをする回数が増えれば、悪いことをする回数は減るからです。

　たとえば、外から帰ってくる子どもが、一回早く帰ってくれれば、遅く帰る回数は一回減ります。宿題をまったくしなかった子どもが、一回でも宿題をすれば、宿題をしない回数は一回減ります。つまり、悪い行動を減らす一番いい方法は、困った行動の反対である良い行動を増やしていくことです。

　時には子どもが困ったことをして、それをすぐに注意しなくてはならないこともあります。たとえば、友だちの家に遊びに行って帰ってくるのが遅くなった子どもには、いきなり「今、何時だと思っているのよ」「ご飯の時間をとっくに過ぎているじゃないの」「あれほど、晩ご飯までに帰ってきなさいと言っておいたのに」とどなってしまうこともあるかもしれませんね。このいきなりどなるというやり方は、たいてい

の場合、お母さんの怒りや不満の発散にはなりますが、子どもはそれに反発して、お母さんが叱ってもその場限りで、困ったおこないを改めようとはしません。

ですからお母さんは、子どもがお友だちともっと遊びたいという気持ちはわかっていることを子どもに言って、それから注意をしましょう。「○○ちゃんが、お友だちともっと遊びたい気持ちはわかるわ。でも、いつまでも待っていたら、ご飯の時間が過ぎてしまうから、お母さんは困るのよ」といった具合です。

次に、子どもにどうやってほしいかを言いましょう。「○○君、うちの晩ごはんは六時半だから、六時一五分にはおうちに帰ってきてね。早く帰ってこないと、みんなで○○君が帰ってくるまで、ご飯を食べずに待っていないといけないから、お腹が減ってしまうのよ」と説明しましょう。こうしたことは、○○君がお友だちの家へ遊びに行く前にも言っておくと効果的です。また、お友だちの家についたら、そこのお母さんに「僕、六時になったら帰りたいから、教えてちょうだい」とお願いさせるのもいいでしょう。あるいは、お母さんが子どもにことわって、お友だちのお家に電話をかけてお礼を言った後で、「ご面倒でしょうが、六時になったら帰してください」とお願いしておくのもひとつの方法です。こうしたことをすることで、子どもがお約束を守りやすくすることができます。

子どもが悪いことをしたときは後始末をさせる

どんな子どもでも、お母さんやお父さんが望むようにしてくれないときがあります。ドアを閉めない、後片づけをしないなど、いろいろ困ったことをします。そんなときには、後始末を自分でさせるとか、正しいやり方でやり直しをさせるという罰を与えるのも一つの方法です。

よく小学校の先生が、生徒が算数でまちがいをしたら、正しい計算をいっぱいさせることがあります。また、書き取りでまちがうと、正しい漢字を黒板やノートにいっぱい書かせます。それと同じ考え方です。たとえば、子どもが、階段をドンドンと大きな音を立てて上がったときには、「〇〇ちゃん、階段は静かに上がってほしいの。もう一度、静かにあがってちょうだい」といった感じです。洗面所で床に水をいっぱいこぼしたら、「〇〇ちゃん、洗面所の床がびしょびしょになってしまったから、雑巾で床を拭いてちょうだい」と、どならず、怒らず、静かに頼みましょう。

こうしたやり方は、いきなりやらせるよりも、前もって子どもと練習をしておくと、いざやらせるときにスムースにいきます。たとえば、子どもがテレビを見終わったときとか、台所でおやつを食べ終えたときなどに、「○○ちゃんは、よく階段をドンドンと大きな音をたてて上がるでしょう。これからは静かに上がってほしいの。いちど、お母さんと一緒に、階段を静かに上がる練習をしてみましょう。お母さんが、はじめに上がるから見ていてね」と言って、お母さんがお手本を見せてあげましょう。それから、「○○ちゃんの番よ。いいですか、大きな音を立てずに、静かに上がってね」と言って、やらせてください。子どもが、静かに上がったら、「わー、すごい。○○君の上がり方はかんぺきよ。すばらしい」と言ってほめてあげましょう。

洗面所の床に水をこぼしたのを拭かせようと思えば、前もって、お母さんが水をどうやって拭くかを見せてあげてください。そうすれば、洗面所の床に水をこぼしたときに、お母さんが「床の上の水を拭きなさい」と言えば、どうやればいいかがわかっているので、子どもは比較的簡単に後始末ができます。また、それは、子どもにとって、軽い「お仕置き」の効果があります。

好きなものを取り上げる罰

いくら子どもを叱っても、言うことをきかないことがあります。そんなときお母さんは頭にきますし、腹が立ちます。どうしても感情的になりがちです。しかし親がどなったり、非難したり、子どもの気持ちを傷つけたりすると、子どもは反抗心を起こしてますます言うことをきかなくなります。ではどうすればよいのでしょうか。

たとえば、子どもの帰りが遅いとお母さんはとても心配です。どんなに心配しているかを子どもに伝えることは大切です。ちょっとした「罰」が必要なときかもしれません。ここでいう罰は、「子どもの好きなものを取り上げる」というやり方です。

「〇〇ちゃん、外から帰ってくるのが三〇分も遅れたから、今晩のテレビはありませんよ」と言うのです。さらりと、しかしきっぱりと、「子どもが好きなものを失う」という罰を使ってください。ただ、こうした罰は、いきなり実行するのではなく、前もって子どもと話し合い、約束してから実行してください。たとえば、「〇〇ちゃん、晩ご飯が七時だから、六時半までに帰ってきてね。帰らなかったら、夜のテレビは見られませんよ」と前もって話し合っておくことが大切です。その他に、「デザートはありませんよ」「自転車には乗れませんよ」など、子どもの好きなものを取り上げる罰はいろいろ考えられます。子どもが好きなものをよく見ておいて、それを使いましょう。でも、使う前には、必ず話し合っておいてください。

大切なのは、子どもが約束通りに六時半までに帰ってきたら、「〇〇ちゃん、えらい。六時半までに帰れた。お母さんはうれしい」といって、子どもが時間通りに帰ってきたことをおおいにほめることです。私たちは、「子どもは時間通りに帰ってくるのが当たり前」だと思って、ほめようとしません。しかし、当たり前のことを増やしていけば、困ったことは減っていくはずです。時間通りに帰ってきたときに、おおいにほめてあげましょう。好きなものを取り上げる罰と、「やってほしいこと」をしたときにはほめるという組み合わせで、子どもは変わっていくのです。

コラム

心理学に「ピグマリオン効果」という現象があります。同じ成績の子どもでも、「あなたはできるのだから、がんばってごらん」と言われた子の方が、「あなたは頭が悪い、やってもムダよ」と言われた子よりも、良い成績をあげたそうです。

楽しみから遠ざける罰・タイムアウト

　子どもは泣いたり、わめいたり、いたずらをしたり、けんかをしたり、いろいろ困ったことをします。そんなときには、子どもをその場から離して、誰もいないところへ移すという罰が有効です。ただ、こうした罰はいつも使うのではなく、「伝家の宝刀を抜く」というか、最後の手段にとっておきたいものです。子どもの部屋、階段、居間、お風呂場といった、ほかの家族があまり行かないところ、通らないところを選びましょう。階段ならば下から何番目、部屋ならば壁のそばに椅子を置いてそこに座らせて、じっとしているように言いましょう。こうした一種の隔離状態にするのは、家族の注目や関心がこないようにして、子どもの心をしずめる効果があります。

　子どもはきょうだいげんかをしたり、騒いだり、いたずらをしたりしますが、よく見るとそうした悪いことをすること自体を楽しんでいるように見えます。また、兄弟姉妹はもちろん、お母さんやお父さんから叱られることを含めて、周囲の「注目や関心」という一種のごほうびをもらっているのです。ですから、ここで紹介するタイムアウトは、周囲の注目や関心あるいは楽しみといったものを、子どもから取り上げる罰といってもいいでしょう。また、子どもが騒いだり、泣いたり、けんかをしたりするときには、興奮状態です。したがって、子どもをその場から「切り離す」ことで、気持ちを落ち着かせるという効果もあります。お母さんも子どもも気持ちが落ち着けば、どこが悪かったかを考えることができます。子どもが静かになって、時間がきたら、子どもと話し合い、どうしてほしいかを伝えましょう。

もっと大切なことは、子どもがいたずらをしたり、騒いだりすると、つい親はたたいたり、たたかないまでも大きな声でどなってしまいます。たたいたり大きな声で叱ると、子どもは反発したり、反抗的になります。あるいは、逆に萎縮します。大きな声でどなっていると親も次第に興奮してしまい、思わず手をあげたり、子どもを侮辱するようなことを言ったりすることがあります。ですから、子どもの興奮をしずめ、親の怒りをやわらげるために、子どもをその場からタイムアウトの場所に移します。それによって子どもをひとりにし、親は子どもを見ないようにできるのです。

タイムアウトの長さは、子どもの年齢にもよります。ひとつの目安は五分間でしょう。しかし、子どもが成長してきたら、一〇分間ぐらいまでのばしてもいいでしょう。それよりも大切なことは、五分間のタイムアウトが終わる時間がきても、子どもが泣いたりわめいたりしていたら、子どもが静かになるまで、タイムアウトを続けることです。こんなとき、タイマーがあると便利です。

タイムアウトは、いきなり使うのではなく、ふだん子どもが冷静なときに、「○○ちゃんは、いい子だけど、ときどきかんしゃくを起こして、おもちゃや本を投げたり、泣いたりすることがあるでしょう。そういうときには、お母さんが『タイムアウト』と言いますからね。どうするかと言うとね、お母さんが『タイムアウト』と言ったら、お母さんが隣の部屋に小さな椅子を置くから、そこへ行って五分間黙って座っているの。いいですか。五分たったらお母さんが『タイムアウトが終わりですよ』と言ってあげるから、そうしたら出てきてもとの通り遊んでもいいですよ」。

困ったこと全部にタイムアウトを使うと、子どもをしょっちゅうタイムアウトの場所に送ることになってしまいます。タイムアウトは、「伝家の宝刀を抜く」ようなお仕置きです。お母さんが一番困っていることを二つぐらい選んで使ってください。

また、お母さんだって気持ちが高ぶるとか、腹が立つことがあるでしょう。こんなときには、お母さんがご自分にタイムアウトを使うこともできます。つまり、子どものいないところへ行くとか、できるだけ子どもから遠ざかることによって、子どもへの腹立ちをしずめるわけです。そして、深呼吸をするとか、リラックスの動きをすることで、気持ちをしずめましょう（→一五二ページ参照）。

きょうだいげんかを避けるには

兄と妹が隣の部屋で遊んでいると思ったら、妹がお母さんのところへやってきて、「お兄ちゃんが私のおもちゃで遊ぶの」と訴えました。夕食の用意で忙しいお母さんは、大きな声で隣の部屋に向かって「妹のおもちゃで遊んだらダメでしょう」と言いました。

しばらくすると、妹が「お兄ちゃんがたたいた」と泣きながらお母さんのところへ来ました。びっくりしたお母さんは、兄に「妹をたたいたらだめでしょう」と言って、お兄ちゃんを叱りました。妹が泣き、兄も泣き、家のなかは泣き声の合唱になってしまいました。

ことの起こりは、兄が妹のおもちゃを黙って使ったことから始まったのです。妹がそれをお母さんに訴えたのは、きょうだいげんかの兆しだったに違いありません。そのときに、お母さんが兄に、「お兄ちゃん、今日は良いお天気だから公園に行ってらっしゃい。きっとお友だちが遊んでいるから」と言って送り出し、妹には「お母さんはこれからクッキーを焼くから手伝って」と言って、お手伝いをさせていれば、きょうだいげんかを避けることができたでしょう。
このやり方をちょっと考えてみましょう。お兄ちゃんは公園に行って仲間と遊べました。でも、家にいて妹をからかうといった一種の楽しみからは遠ざけられました。また、妹はお母さんのクッキー作りを手伝うのを楽しみました。でも、別の角度から見ると、妹は少し意地悪をされますが、それはお兄ちゃんから注目と関心という一種のごほうびをもらっています。自分が子どもにごほうびを出したり出さなかったりするだけではなく、兄弟姉妹がたがいに出し合っているごほうびを、しつけや育児に上手に使えると思います。

コラム

「好きなものを失う」罰のことをリスポンス・コストと呼びます。ここでは、リスポンス・コストをきょうだいげんかが起こる前に応用したものです。兄は妹をからかったり、いじめたりすることを楽しんでいます。妹は「兄がいじめる」と言って怒ったり、泣いたりしますが、兄から関心を示してもらっています。お母さんが、兄と妹を切り離すことは、お互いを相手の関心と注目から遠ざけているのです。

否定的な言葉は避けましょう

私たちは、子どもに「ダメじゃないの」といった否定形の言葉をよく使ってしまいます。

「ご飯を残したら、ダメじゃないの」
「お行儀を良くしないとダメでしょう」
「あなたは、本当にダメな子ね。また、宿題するのを忘れたの」

お母さんから「ダメだ、ダメだ」と言われていると、子どもはだんだん自分が「ダメな人間」だと思うようになってきます。

七九ページのコラムで説明したように、同じレベルの能力の持ち主でも、「あなたは能力があるからがんばってごらん」と言われた子どもは、おおいに勉強をして良い成績を上げました。しかし、反対に「あんたには能力がないからダメよ」と言われた子どもは、勉強をやろうとしなくなって、成績が落ちてしまったというのです。ですから、「ダメだ、ダメだ」と言っていると、いつの間にか子どもはやる気をなくしてしまいます。

これと同じような例はいくつもあります。

「あんた、バカね。学校へ行くのに、どうして筆箱を忘れたのよ。鉛筆を持って行かなかったら勉強できないでしょう」

「運動会で、またビリだったの。あなたには運動能力がないのよ」

「〇〇君、また宿題するのを忘れたの。だいたい、あんたは怠け者なのよ」

「どうして、こんな簡単な問題ができないのよ。あんた本当におバカさんね」

こうしたことを言われたら、誰でもみんないやになります。そして、それを繰り返して言われていると、子どもの心を傷つけます。だんだん「自分はダメな子だ」と思うようになってしまいます。いったん「自分はダメだ」「自分はバカだ」「自分には能力がない」と思うようになると、「ダメなように」「バカなように」「能力がない」かのように行動するようになってしまいます。ですから、子どもに、「あなたはダメだ、能力がない、おバカさん、怠け者」といった否定的なレッテルをはるようなことは言わないでください。

コラム

セリグマンは、「何か悪いことが起こったときに、その原因を『自分のせいだ』『自分が悪い』と考えると悲観的になって、抑うつ的な状態に落ち込んでしまう」とも言っています。ですから、「あなたはダメね」「あなたはバカね」と言わないようにお願いしているのです。「やったらできる」「練習してみましょう」という言葉は、子どもに希望を与えます。

カウンセリングで有名なカール・ロジャースは、自分で自分をどう思うかという「自己概念」がとても大切だと書いています。私たちは、いったん自分をどういう人間かと思いこむと、なかなかその考え方（つまり、自己概念）を変えることがむずかしいというのです。

ついたたいてしまったら

たいていのお母さんは子どもを叱ります。叱らないまでも注意し、ああしなさい、こうしなさいといつも命令してしまいます。時には子どもとケンカになって、たたくこともあります。そして後になってあんなことを言わなければよかった、なぜ言ったのだろう、なぜたたいてしまったのだろうと後悔や自責の念にさいなまれます。

世界中のほとんどのお母さんは、時には大声でどなり、それでも子どもが言うことをきかないと、つい腹をたててたたいてしまいます。そうしなければ、お母さんの気持ちがどうにもならないときもあるでしょう。また、罰にはそれなりの効果がありま す。でも、体罰を与えるのが子どもをしつけるのに一番良い方法だとは思いません。なぜかというと、体罰は身体を傷つけるだけでなく、子どもの心も傷つけるからです。

親が体罰を使うときには、単に悪いことを止めさせようとするだけではなく、親の方が腹をたててしまっていることが多いようです。少しオーバーに言えば、子どもに親の権威を脅かされたといった気持ちが心のどこかにかくされていると思います。このままだと、子どもが自分の言うことをきかなくなるのではないかといった不安を感じていないでしょうか。あるいは、子どもになめられたとか、その場の主導権を握られてしまったという怒りが心の片隅にないでしょうか。ことによると、子どもの困った行動を扱うのに、体罰しか方法を知らないお母さんもいらっしゃるかもしれません。

たしかに、体罰を与えるとすぐ効き目があります。子どもが騒いでいるときに、親がたたけば、騒ぎは一時的ですがおさまります。もちろん、騒ぐかわりに泣くこともあるでしょう。しかし、「騒ぐ」こと自体はすぐに止むことがあります。たたくと「すぐに」効き目があるので、次に子どもが騒いだときにも、お母さんはついまた手を出してしまいます。問題は、たたいて困ったおこないが一時的におさまったとしても、その効果は長続きしないということです。

お母さんがたたいて子どもが騒ぐのをやめさせても、静かになったことをほめなければ、子どもは静かにするのを止めて、また騒ぎはじめます。たいていの子どもにとって、静かにしているよりも騒ぐ方がおもしろいからです。おもしろいことは、それ自体が「ごほうび」としての効果をもっています。そうなると、お母さんはまた、たたいて叱らなければなりません。この悪循環をたちきるには、子どもが静かにしたら、お母さんは子どもが静かになったことを「すぐに」ほめて、喜んであげてください。

体罰を使って言うことをきかせると、子どもはいやいややっているわけですから、楽しくありません。ですから、長続きしないのです。それに、しょっちゅう親からたたかれている子どもは、「たたく」ことを見習います。お母さんをたたき返さなくても、ほかの子どもをたたくようになるでしょう。「たたく」しつけしか経験していないと、やがて親になったとき、子どもを「たたく」可能性が大きいでしょう。

子どもをたたくと、お母さんは興奮してカーッとなってきます。たたけばたたくほど興奮して、ますます強くたたいてしまいます。この困った悪循環をたちきるには、「ほめる」ことです。子どもが悪いことを止めて、ちょっとでも良くなったら、それをすぐほめてください。悪いことを止めればほめられるという、うれしい「ごほうび」がもらえることを子どもにわからせてください。それによって、たたかない子育てができるようになっていきます。

コラム

どなる、叱る、たたくといった行動は、子どもにとっていやなモノを「与え」ますから「正」と呼んでいます。この場合、「正」とは「正しい」と言う意味ではなく「与える」という意味です。行動心理学では、行動が減ることを「罰」と呼んでいます。叱るといういやなものを「与えて」行動が減れば「正の罰」です。ちょっと変な呼び方ですね。この場合、決して、叱ることを正しいと肯定しているのではありません。

4

お約束表でやってみよう！

お約束表を使ってみましょう

「うちの子は、おもちゃで遊んだら出しっぱなし、『きちんとしなさい』と言っても言うことをきかないし……。『ほめて育てる』なんて全然無理だわ」。そんなお母さんには、ぜひこれからご紹介する「お約束表」を使っていただきたいと思います。

お約束表は、子どもにやってほしいことを紙に書き出し、子どもがそれをしたら、ほめてシールをはったり○をつけたりするというものです。お約束表は、四歳ぐらいから小学校の下級生ぐらいまでの子どもにはとても効果があります。

お約束表を上手に使うためには、まず、子どもにやってほしいことを、具体的に取り上げましょう。たとえば、

「ご飯の前には、手を洗いましょう」
「お客さまがいらしたときには、『こんにちは』と言ってごあいさつをしましょう」
「ご飯を食べる前には、『いただきます』と言いましょう」
「食事が終わったら、自分の食器を流しまで持っていきましょう」

「靴を脱いだら、前向きにしてそろえておきましょう」

「ちゃんとする」「しっかりする」「お行儀を良くする」などといった言葉は具体的でないので、子どもはお母さんが自分に何をしてほしいのかわかりません。

お約束表を使うときには、まず子どもがすでにできている、簡単なことから始めましょう。次は、毎回ではないけれどほとんどやれている、つまり五回のうち四回ぐらいやれていることを取り上げます。その次は、ときどきやれていること。たまにやれているというのは、五回に一回ぐらいやっていることです。めったにやらないことは、一〇回に一回ぐらいしかやれないこと、つまりすぐにやらせることがむずかしいことです。こうしてステップアップしていき、最後は、これまでまったくしたことがないことを取り上げるのです。

最初は、すでにやれている「おはようございます」という朝のあいさつ、ほぼやれている「朝ごはんを一人で食べる」、そし、ときどきしかやれていない「歯をみがく」という三つをお約束表に入れてみましょう。

お約束表を初めて使うときには、すでに毎回やれていることをまず一つ入れてください。それは必ずシールや〇がもらえる、つまり「当選確実」の項目です。なぜ、すでに一〇〇%やれていることを表のなかに入れるかというと、すでにやれていることでも、それをやったらお母さんにシールや○をつけてもらってほめてもらうことは、子どもにとってはとてもうれしいことです。また、大きなはげみになります。そして、お約束表の他の項目もやれれば、お母さんにほめてもらえるということが実感できます。ですから、これまであまりやっていなかったことも、やるようになるのです。

最初から、今までまったくやったことがないことばかり並べないでください。一つは必ず、子どもがちょっと努力したらやれそうなものにしましょう。次の項目はあまりやったことがない、ちょっとむずかしいものにしてもいいでしょう。

おやくそくひょう

なまえ　やまだ　ななみ

できたらシールをはりましょう

おやくそく	げつ	か	すい	もく	きん	ど	にち
おはようございます のごあいさつ	☺	☺	☺				
あさごはんを ひとりでたべる	☺	☺	☺				
ひとりではをみがく	☺	☺					

この「ちょっとむずかしいこと」をさせる場合は、最初から完璧を要求しないでください。「歯をみがく」のならば、歯ブラシに歯みがきをつけて、ほんの少し歯をこすっただけでも、シールをはるなり○をつけて、おおいにほめてあげてください。「わぁ、○○ちゃんすごい。すごいわね！」「一人で歯をみがくことができたわね！」「お約束表に○をつけてあげましょう。」といった具合です。もちろん、他の項目もやれたときには、○をつけておおいにほめてあげてください。子どもは、きっとやる気をだすに違いありません。

コラム

バンデュラという心理学者は、犬を怖がる子どもたちに、犬と子どもたちが遊んでいるシーンの映画を見せたところ、これまで犬を怖がっていた子どもたちが、前ほど犬を怖がらなくなり、犬を触ることができるようになったということを報告しています。また、誰かが上手にやってほめてもらっているのを見ると、そのまねをするようになったとのことです。こうしたことを、モデリングと呼んでいます。お約束表に必ずほめてもらえる項目をいれておいて、子どもがそれをやってほめてもらうと、他の項目もやろうとするようになるのも、モデリングの実験とちょっと似ていますね。

お約束表の説明をしましょう

お約束表を使うには、まず子どもに説明をしておくことが必要です。お母さんと子どもがお話をするときには、まずテレビを消して、お部屋のなかを静かにして、話ができる雰囲気にしましょう。親が立ったまま、上から子どもを見下ろして話すと、子どもを威圧しているような感じを与えてしまいます。ですから、子どもの目線に合わせて、お母さんがしゃがんで話しましょう。

こんな具合に話しかけます。

お母さん「○○ちゃんはとても良い子だけども、ときどきお外から帰ってきたときに、石鹸をつけて手を洗って、それからうがいするのを忘れることがあるでしょう。今、風邪がとてもはやっているから、学校（幼稚園・保育所）から帰ってきたら、手を洗って、うがいをしてほしいの。それから、もうひとつ、外から帰ってきたら、『ただいま』と言ってね。そうしたら、お母さんは○○ちゃんが帰ってきたことがわかって安心だから。ここに、『手を洗う』と『うがいをする』と『ただいま』のお約束表を作ったから、明日からやってみましょう。

いいですか。○○ちゃんが『ただいま』と言ったら、お母さんがこの表に○をつけて、ほめてあげましょう。○○ちゃんは、○とシールのどっちが好き? シールの方がいい? じゃあ、シールにしましょう。

ちょっと、練習してみない?
○○ちゃんが、『ただいま』と言ったらシールをはってほめてあげる」
子ども「ただいま」
お母さん「わー、えらい。ちゃんと『ただいま』が言えたわね。ではシールをはりましょう」
(お母さんがシールをはる)
お母さん「じゃあ、次は外から帰ってきたら、石鹸で手を洗ってみましょう。まず、お母さんが洗って見せるわね。こんな具合に洗ってね」(お母さ

おやくそくひょう

なまえ　やまだ　さくら

できたらシールをはりましょう

おやくそく	げつ	か	すい	もく	きん	ど	にち
ただいまの ごあいさつをする	☺	☺	☺				
そとからかえったら てをあらう	☺		☺				
そとからかえったら うがいをする			☺				

んが手を洗ってみせる)「じゃ、〇〇ちゃんの番よ」(子どもが手に石鹸をつけて洗う)
母親「わー、えらい。〇〇ちゃん、上手に石鹸をつけて手を洗えたわね。〇〇ちゃんの手がきれいになった。じゃあ、お約束表にシールをはりましょう」

まずやる前に、子どもの目線で話しかけ、どうするかを説明し、お母さんが実際にやって見せ、それから子どもにやってもらってください。お約束表に書いたことを子どもがやったときに、シールや〇をつけるのは、お母さんが子どもをほめる機会のサインだと思ってください。子どもに「自分でしておきなさい」と言って、シールや〇をつけさせるだけでは、お約束表は長続きしません。必ず子どもをほめてください。

お約束表は、「子どもが表に書いてあることをやったら、お母さんやお父さんがほめる」ためのものです。やれなかったといって×をつけたり、すでにはってあるシールをはがしたり、〇を消したりしないでください。

また、あまりたくさんの「やってほしいこと」を並べないでください。はじめは、「すでにやれていること」を一つと、やってほしいことを二つぐらいから始めてください。そして、やれるようになったら、その項目をはずして、別の「やってほしいこと」に入れ換えてください。

お約束表の効果を上げるには

お約束表を使うときには、まず子どもがちょっと努力したらやれるというレベルからスタートしてください。お母さんからすれば、歯をみがくのも、手を洗うのも、おもちゃを片づけるのも、すべて完璧にしてほしいでしょう。でも、それぞれの子どもには、今やれることと、まだやれないことがあります。まず、やれるところから始めましょう。そして、それができたら、もうちょっとだけむずかしいレベルに挑戦してみましょう。これが、成功の鍵だと思います。それから、子どもにやってほしいことを二つとりあげたら、すでにやれることを一つお約束表に入れてください。

子どもができることならば、簡単ですから必ずやります。やれたらそれをすぐにほめてあげましょう。そうすれば、子どもは喜んでやる気を出します。お約束表で取り上げていることを子どもがやったときに、お母さんがすぐにほめてくださることが、子どもの大きなはげみになります。

簡単にやれるということは、時間がかからないわけです。長時間、自分ができないことに取り組むのは大人でも大変です。ですから、子どもにはとてもむずかしいことです。短い時間でやれることの方が成功率は高いようです。

簡単なこと、やさしいこと、短時間でやれることだと、うまくやれる可能性は高いと思います。そうすれば、お母さんやお父さんからほめてもらえますし、うまくやれるということ自体が一種のごほうびだと思います。うまくやれれば、誰だってうれしいにちがいありません。こうして、「うまくやれた」「成功した」「シールや○をもらえた」「ほめてもらった」ということをたくさん経験させてから、次のステップへ進んでください。

お約束表のシールや○は、お母さんに子どもが「やれたこと」をすぐにほめてくださいと催促しているサインだと思ってください。シールや○をつけるだけでなく、必ず子どもの目を見て、にっこり笑ってほめてください。子どもがやれたことをお母さんが喜んでいることを見せてください。うれしい気持ちを子どもに伝えてください。

この表で何をやっているのかを、お父さんや他の家族にも必ず説明してください。そして、お父さんにもほめてもらってください。お父さんは、お母さんと子どもがお約束表にシールや○をつけているときに、家にいないことが多いと思います。ですから父さんは、仕事から帰ってきたら、「○○ちゃんは、今日外から帰ってきたときに手を洗ったんだ。えらかったね」と言って、なぜシールや○がついているか、何が良かったのかを言ってからほめてください。おじいちゃんやおばあちゃんがほめてくださるときも、「〇〇がやれてえらかったね」と、何がよかったかを言ってほめてあげてください。お母さんがお約束表を作ってほめるだけでも効果はありますが、お父さんや他の家族がほめると効果は倍増します。ほめる効果はほめる人の数が多いほど大きくなります。

お父さんのなかには、子どもが寝てからお帰りになって、子どもが起きる前にお家を出かける方もいるでしょう。そんなお父さんは「〇〇ちゃん、手を洗えてえらかったね」とちょっとメモを書いて、お母さんに渡しておいてください。お父さんのメモは、子どもにはとても大きなはげみになりますし、きっと大喜びをするに違いありません。また、単身赴任でなかなかお家に帰れないお父さんは、お宅に電話をなさったときに、直接子どもと電話で話をして、手を洗ったことをほめてあげてください。電話でのはげましがお母さんのしつけをきっと助けると思います。それだけではありません。お母さんとお父さんとの間のコミュニケーションを良くします。そのことは、子どもを育てる上で、とても大切なことです。

お約束表が軌道に乗ってきたら

お母さんのなかには、○やシールが一〇枚とか二〇枚たまったら、日曜日にお父さんと「キャッチボールをする」「相撲をとる」「一緒にお出かけする」とか、お母さんと「クッキーを作る」「お買い物に行く」といった、親子で何かを一緒にするという特別のごほうびを用意する方もいます。子どもがお約束表に慣れすぎたとか、少しやる気をなくしたときにはとても有効です。ただ単にごほうびという意味だけではなく、良い親子関係を作るという点からもいいと思います。こうしたちょっとした特別なごほうびがあると、子どもはとても喜びます。ただ、こうしたごほうびはあくまで「おまけ」です。すべてのお約束に出すのではなく、むずかしいことをやれたときや子どもがお約束表にあきてきたときに出すのがいいでしょう。

もうひとつ大切なことは、お母さんが満足のゆく水準で、子どもが毎回できるようになってきたら、ほめる回数を二回に一回、三回に一回といった具合に間隔をあけていただきたいのです。つまり、毎回あるいは一週間連続してお約束表にシールや○がつくようになったら、二日連続してできたら一つ○、三日連続してやれたら一つ○、一週間連続してやれたら一つ○といった具合に、○やシールをはる回数を少なくしていきます。そうすることによって、毎回ほめなくても、良いことをする子どもになっていきます。そしてやがては、お約束表を使わなくても、お母さんが望む行動をするようになってほしいのです。でも、お約束表を使わなくなっても、子どもが良いことをしたらほめることは忘れないでください。急に要求水準を高くしたり、ほめるのを止めたりしないでください。ここでも「少しずつ、少しずつ」の原則を守ってください。

おやくそくひょう

なまえ＿＿＿＿＿＿＿＿＿＿＿＿

できたらシールをはりましょう　または○をつけましょう

おやくそく	げつ	か	すい	もく	きん	ど	にち

※これをコピーしたり、似たものを書いたりしてお約束表を作ってください。

5

こんなときどうする？

ひとりで起きる

毎朝、朝ご飯とお弁当作りで忙しいお母さんが、何度も子どもを部屋まで起こしに行くのは大変ですね。自分ひとりで起きてきてほしいものです。

目覚まし時計で起きることを、こんな具合に子どもに説明しましょう。

「○○ちゃんは、来年から小学校でしょう。だからね、明日の朝から目覚まし時計を使って、ひとりで起きてきてほしいの。明日の朝△△時に目覚まし時計が鳴るようにしてあげるからね。ひとりで起きてこられたら、このお約束表に○をつけてほめてあげましょう。この表はみんなが見えるように、冷蔵庫にはっておきますね」

「いいですか、一度練習してみましょう。○○ちゃん、ベッドに入っておやすみしてみてよ。パジャマに着替える？　洋服のままでもいい？」

「おやすみしていますか？」

「じゃあ、目覚ましを鳴らしますよ。目覚ましの音を聞いたら、起きてきてね」

「わー、えらい。目覚ましが鳴ったら、すぐにベッドから飛び起きた」

「明日の朝も、そんな具合にやってね」

子どもが寝る前に、「明日の朝は、目覚ましをかけておくから、自分ひとりで起きてくるのよ。お母さんは起こしにきませんからね」と、話しておきましょう。

翌朝、目覚ましが鳴ったら、子どもが自分で起きてくるのを待ちましょう。起きてきたら、お約束表にシールをはって、ほめてあげてください。もし、起きてこなくても、お母さんが起こしに行かないでください。もし、幼稚園や保育所の時間に遅れるので、どうしてもお母さんが起こさなくてはならないようなら、土曜日や日曜日のように幼稚園や保育所に行かなくてもいい日に「目覚まし時計を使って、ひとりで起きる」練習をしましょう。

ひとりでおきるひょう

なまえ　やまだ　ふうま

あさ、めざましどけいでひとりでおきましょう

がつ　にち どようび	がつ　にち にちようび	がつ　にち どようび	がつ　にち にちようび	がつ　にち どようび	がつ　にち にちようび

がつ　にち どようび	がつ　にち にちようび	がつ　にち どようび	がつ　にち にちようび	がつ　にち どようび	がつ　にち にちようび

ひとりで寝る

子どもがひとりで寝られないことは、よくあります。

子どもがひとりで寝るのを怖がったりいやがったりしているのに、いきなり「ひとりで寝なさい」と言えばいっそう不安が高まります。そんなときには、お母さんかお父さんが一緒に寝ますが、子どもとの間を少しずつあけてゆくといいでしょう。いっぺんに離れてしまうのではなく、毎日一〇センチとか二〇センチといった具合に、子どもが怖がらない範囲で距離をあけることが成功の鍵です。この場合も、少しずつ、少しずつです。子どもと同じフトンで寝なくても平気になったら、何日もかけて少しずつフトンを離してゆきましょう。

ひとりで寝ることができる子どもが、いったんフトンに入ってから何度も起きてくるようなら、次のようなお約束表を使うのもいいでしょう。

「〇〇ちゃん。もう、来年から小学校へ入るのだから、ひとりでおやすみする練習をしましょう。いいですか？　寝る前にトイレに行きましょう。お水は飲みましたか？

蚊が来ないように虫除けをつけておきますからね。やらないといけないことは、全部やりましたか？　じゃ、これからお母さんがご本を読んであげるけど、読み終わったらひとりで寝るんですよ。いくら呼んでもお母さんは来ませんからね。ひとりで朝まで寝られたら、この表にシールをはって、ほめてあげましょう」

　朝までお母さんを呼ばずに寝ることができたら、表にシールをはるなり○をつけるなりして、おおいにほめてあげてください。シールや○を見たら、お父さんにもおおいにほめてもらってください。もし、寝る前に起きたり、ひとりで寝られなかった場合には、「残念でした。シールはなしよ。明日の晩がんばりましょう」とさらりと言ってください。このときに、絶対に叱らないでください。

おやくそくひょう

なまえ　やまだ　ななみ

できたらシールをはりましょう

おやくそく	げつ	か	すい	もく	きん	ど	にち
ねるまえにトイレにいく	☺	☺	☺				
ひとりでねる		☺	☺				

ひとりでトイレをすませる

子どもが三～四歳になったら、お母さんが毎回トイレについて行かなくても、ひとりですませてほしいものです。

そんなときには、まずトイレにひとりで行くところから始めてみましょう。はじめは、ひとりでトイレの入り口まで行けたら、ほめてあげましょう。次に、便器の上に座るとか、便器の前に立つだけでも、おおいにほめてください。ひとりで便器のところへ行けるようになると、やがてひとりで排便ができるようになってきます。少しずつ、少しずつ最終目標にむかって、近づいていきましょう。

お約束表を使うときにも、子どもが今できるところから始めてください。たとえば、子どもがトイレのドアまで行けるのならば、そこからスタートしましょう。

「○○ちゃんは、春になったら幼稚園でしょう。自分ひとりでトイレに行く練習をしましょう。はじめは、トイレのドアまで行けたら、この表に○をつけてほめてあげましょう。いいですか、この表は冷蔵庫にはっておきますからね。一度、練習してみましょう。トイレのドアまで行けるかな？　いいですか？　じゃ、練習はじめ」

「位置について、ヨーイドン」

「わあ、もう行ってきたの。早いわね。行けたから、表に○をつけましょう。バンザイ」


トイレのドアまでひとりで行けたら、次は便器のところまで行って、帰ってくるところまでをやらせてみましょう。あまり急ぐと、シールや○をもらえなくなります。子どものレベルに合わせて、シールや○がもらえるように、少しずつ、少しずつ最終目標に近づけていきましょう。いっぺんにはそこまでやれない子どもが多いと思います。最終目標に近づいたら、それを少しずつお約束表にのせましょう。

ひとりでトイレにいく おやくそくひょう

なまえ　やまだ　はるな

ひとりで　できたらシールをはりましょう

おやくそく	げつ	か	すい	もく	きん	ど	にち
トイレのドアまでいく	☺		☺				
ひとりでトイレのドアをあける	☺	☺	☺				
ひとりでトイレのべんざにすわる	☺		☺				
ひとりでトイレをする			☺				

歯をみがく

小学校の先生は「歯を三分間みがいてください」と言いますが、実際に、歯をみがく習慣がない子どもに、最初から三分間みがかせるのはとてもむずかしいことです。ですから、はじめはちょっとみがいただけでも「歯みがきのお約束表」にシールか○をつけてあげてください。

どのくらいの長さみがくのかは、子どもがやれそうな長さから出発してください。五秒間でも一〇秒間でもいいと思います。あるいは、はじめのうちは、ちょっとでも歯ブラシを口に入れて歯をみがいただけでも○をつけて、おおいにほめてあげてください。お母さんが、子どもに、「歯みがきのお約束表」を説明するまえに、最初の基準を決めておく方がいいでしょう。

いつみがくかも大切なポイントですから、前もって決めておいてください。あまりたくさん要求しても、子どもにとっては重荷になるでしょう。ですから、お母さんの判断で日に何回かを決めておきましょう。日に三回ならば、一日に○が三つつくわけです。ですから、一日を三つのハコに分けておくのもいい考えです。

お約束表の説明は、「○○ちゃん、これからは歯をみがいたら、その度にこの表に○をつけましょう。歯は朝ご飯のあと、晩ご飯のあと、それにおやすみ前にみがくのよ」といった具合に説明しましょう。そして、子どもが歯をみがいたら、「○○ちゃん、えらいわね。歯みがきのお約束表に○をつけましょう」と言って、おおいにほめてあげてください。

もし、みがけなかったときには叱らずに「残念でした。○はナシね。この次にがんばりましょう」とさらりと言ってください。絶対に「ダメじゃないの」とか「せっかくお母さんが表を作ったのに」とか言わないでください。

お父さんには前もって表と○のことを説明しておいてください。そうすれば、お父さんは表に○がついていたら、「○○ちゃん、歯をみがいたね。えらい」とほめてくださいます。そのことが、表の効果をいっそう大きくします。

おやくそくひょう

はみがきしましょう　　なまえ　やまだ　ななみ

おやくそく	げつ	か	すい	もく	きん	ど	にち
あさごはん	☺	☺	☺				
よるごはん		☺	☺				
ねるまえ	☺		☺				

決まった時間内にご飯を食べる

子どもがご飯を食べるのに時間がかかって困る、という訴えを聞くことがあります。そんなときには、子どもがご飯を食べているときの状況を説明していただきます。時間がかかりすぎる原因はいろいろあるでしょう。

そのひとつは、テーブルから離れて隣の部屋へ行って、遊んだり、テレビを見たりしていることです。そういう子どもには「お食事のときには、テーブルから離れない」というお約束表を使うのが効果的です。

また、よくある問題は、テレビをつけたままご飯を食べる習慣です。テレビのように子どもの注意を食事以外にひきつけるようなものがあると、子ども

おやくそくひょう

なまえ　やまだ　ひかる

できたらシールをはりましょう

おやくそく	げつ	か	すい	もく	きん	ど	にち
おしょくじのときは テーブルをはなれない	☺	☺	☺				
おしょくじのときは てれびをつけない		☺	☺				

はご飯を食べることよりも、テレビに関心がいってしまいます。ですから、「お食事のときはテレビをつけない」という話し合いをしてください。もし、それでも実行できないならば「お食事中テレビをつけない」というお約束表を使ってみてください。「お食事中テレビをつけない」ということだけでは、むずかしいと思われるときには、すでに実行できていることも表に加えてください。

テーブルから離れていないしテレビもつけていないの

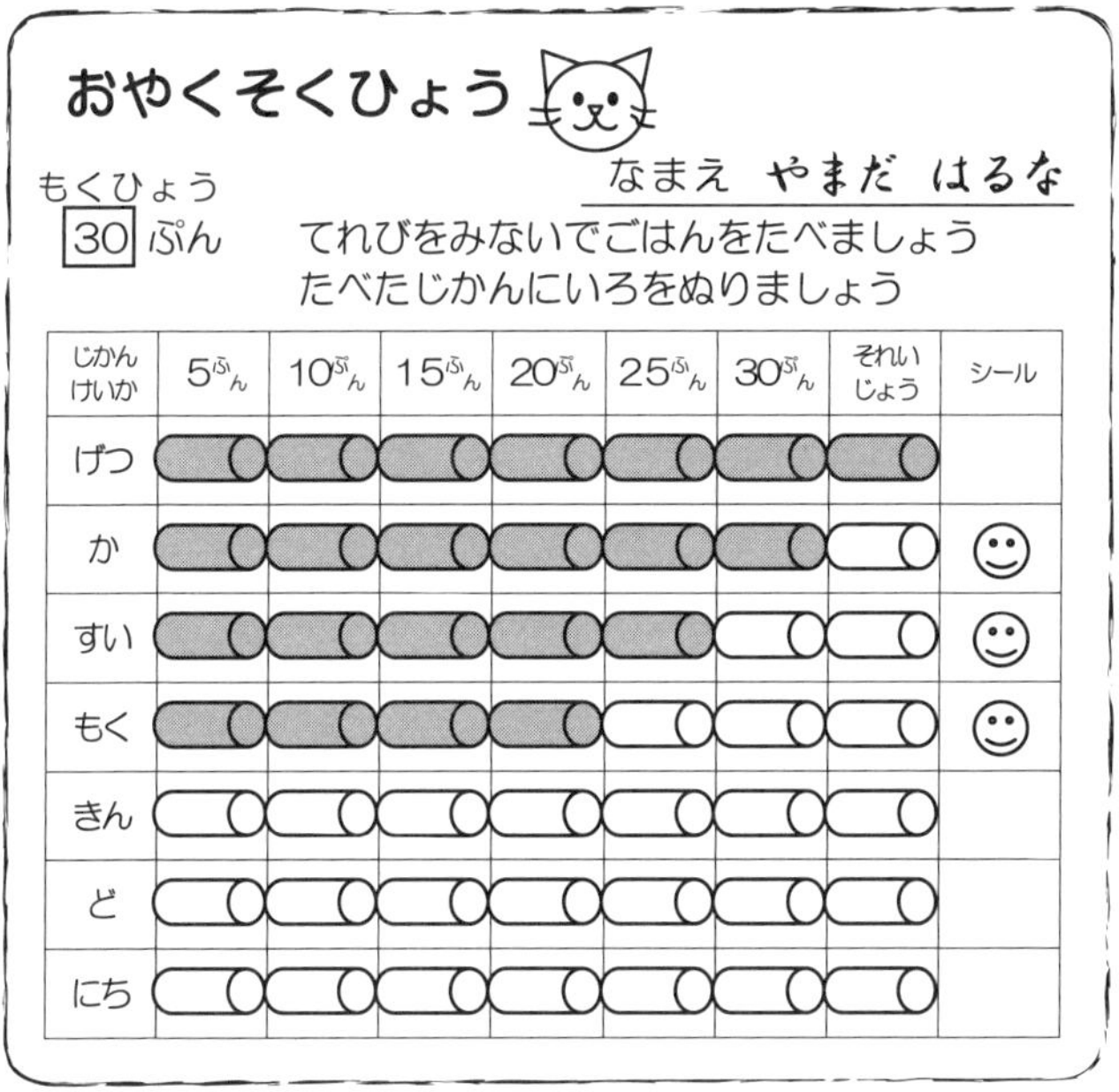

に、食べるのが遅い子には、時間の経過を示すのも効果的です。時計を見て時間がかかる子には、時計の長い針が動くのを見せて、何分経過と知らせるのもいいでしょう。また、五分刻みのお約束表を作って、五分の箱にチェックをいれていくとか、五分ごとに線を引くやり方も視覚に訴えることができて効果的です。

子どもが、毎晩ご飯を食べるのにかかる時間を、お母さんがそっと何回か測っておいて、子どもが現実的に食べ終えることができそうな時間を考えて「夕食を三〇分で食べる」というお約束表を使うのもいいでしょう。この場合、はじめから高い要求をしないでください。今、食べるのにかかる時間よりも、ほんの少しでも短くできれば、よいスタートが切れたという気持ちでやりましょう。そして、少しでも早くなったら、おおいにほめてあげてください。

お約束表を使うときには、前もって、お母さんが子どもに、こんな具合に説明しておきましょう。

「〇〇君はいい子だけど、晩ご飯を食べるのに時間がかかるでしょう。それでね、お母さんは〇〇君にもう少し晩ご飯を早く食べてほしいのよ。テレビを見ながら晩ご飯を食べるのを止めましょう。今晩から、晩ご飯のときはテレビは消しておきますよ。その代わり、早く晩ご飯を食べたら、その分よけいにテレビを見ることができるでしょう」

「○○君がご飯を食べ始めてから、五分たったら、五分たちましたというしるしに、紙に『五分たちました』という線を引きますよ。そして、次の五分がたったら『また、五分たちました』という線を引きましょう。そうすれば、○○君は今何分たったかがわかるでしょう」といった具合に説明します。

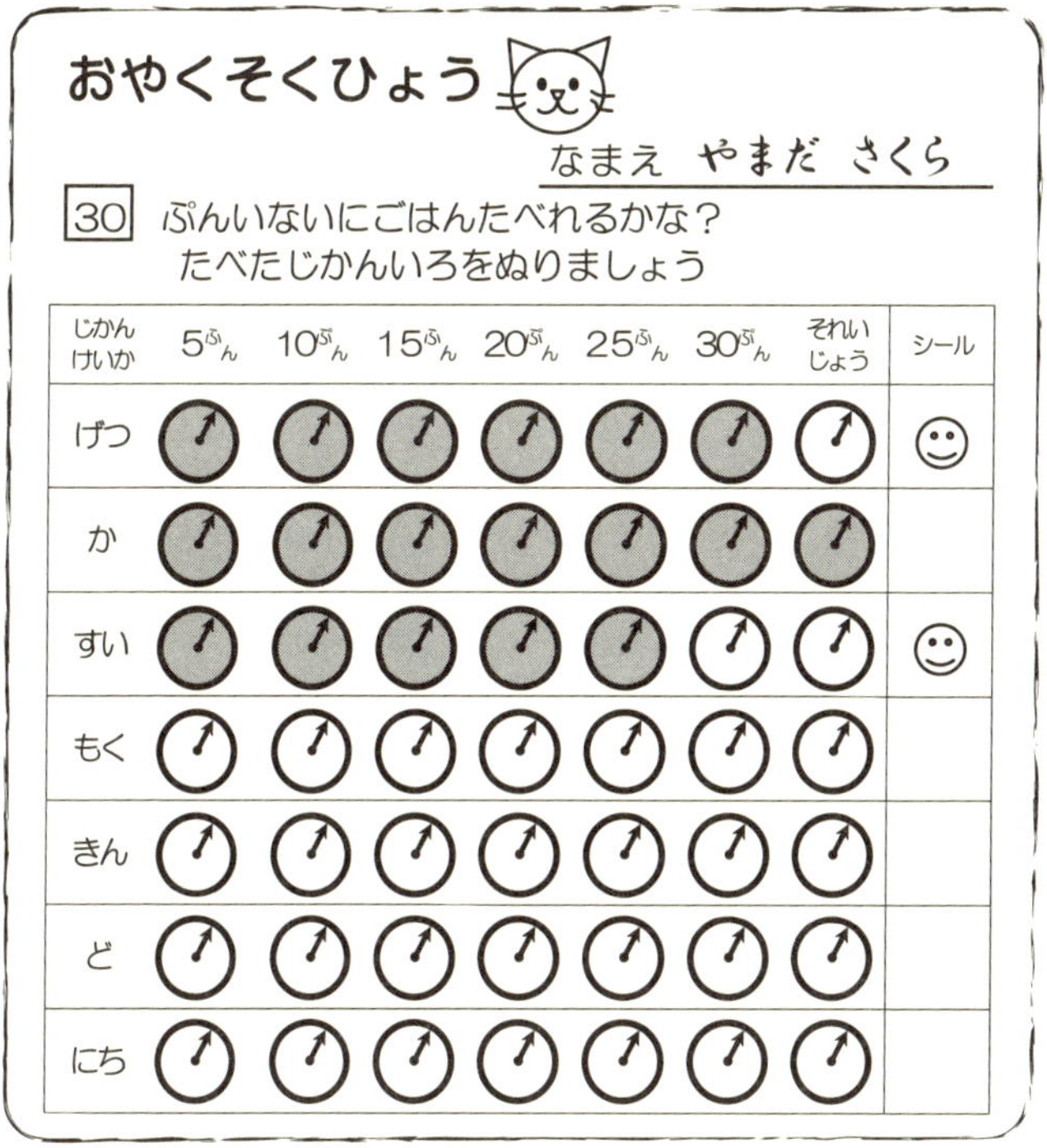

きらいなおかずを食べる

お母さんが悩むことのひとつは、おかずの好ききらいです。

まず、きらいな「おかず」をごく少量（耳かき一杯ぐらい）、好きな「おかず」を入れたお皿のすみに置いてください。ただ、その前に、「ここに、△△（子どものきらいなおかず）をほんの少し置きますよ。〇〇ちゃんは無理に食べなくてもいいけど、ずっとお皿の上に置いておきましょう」と説明してください。子どもが、ほかの好きなおかずを全部食べることができたら、「〇〇ちゃんは、きらいなおかずが置いてあっても、ほかのおかずを全部食べてえらいわね！」と言ってほめてください。

こうして、好きな「おかず」を食べたのを毎回ほめながら、毎日少しずつきらいな「おかず」の量を増やしていってください。しかし、そのきらいなおかずは食べなくてもよいのです。ただ、きらいな「おかず」の量が増えても、好きな「おかず」を平気で食べることができることをほめてあげることによって、次第にきらいな「おかず」への抵抗が減ってゆきます。

食べなくてもいい「きらいなおかず」の量が多くなったら、「〇〇ちゃん、△△がお皿の上にたくさんあっても、いやがらなくなってえらいわね。今日は、耳かき一杯ぐらい、ほんの少しだけ置いておくから、お口に入れてみて。食べられたら、この表にシールをはってほめてあげましょう」と説明してください。

子どもがきらいな「おかず」を耳かき一杯でも食べられたら、それをおおいにほめて、表にシールをはってあげてください。そして、それをお父さんにも言って、お父さんも「△△が食べられて、えらかったね」とほめてあげてください。ほめる人の数が多いほど、ほめる効果は大きいからです。

はじめは、ごく少しを見るだけから始めて、次第に見る量を多くしてゆき、それができたらちょっと食べるといった具合に、少しずつ慣らしてゆきましょう。そして、少しの進歩でもほめてあげることを忘れないようにしてください。

おやくそくひょう

なまえ　やまだ　はるな

「きらいなおかず」をすこしでも、たべましょう
できたらシールをはりましょう

げつ	か	すい	もく	きん	ど	にち
☺	☺☺☺	☺	☺			

お片づけをする

幼い子どもにとって、遊んだおもちゃを片づけるのはとてもむずかしいことです。一つのおもちゃで遊び、次のおもちゃを出す前に片づけるのは、簡単なことではありません。子どもは次から次へといろんなおもちゃを引っ張り出し、お部屋のなかを散らかしてしまいます。

遊んだものを全部片づけるように言っても、子どもは何から始めていいのかわかりません。ですから、まず簡単にもとにもどせるものから始めましょう。たとえば、「○○ちゃん、本を本箱に入れましょう」と言って、本を本箱にしまうことだけをやらせてみましょう。本をひとりでぜんぶ本箱にもどすのがむずかしければ、「○○ちゃん、

おやくそくひょう

なまえ　やまだ　さくら

おかたづけ　ができたらシールをはりましょう

おやくそく	げつ	か	すい	もく	きん	ど	にち
ほんをほんばこにいれました	☺	☺	☺				
つみきをつみきいれにいれました	☺		☺				
おもちゃをおもちゃばこにいれました			☺				

お母さんと交代で一冊ずつ本箱にいれましょう」と二人でかわるがわる入れるのもいいでしょう。おもちゃを片づけるときには、自動車を入れる箱、積み木を入れる箱、お人形の箱、ブロックの箱といった具合に、それぞれのおもちゃをしまうところをはっきりさせておくと、お片づけがはかどります。しまうところがはっきりしていれば、はじめは本だけだったのが、次の日は本と自動車、本と自動車とお人形といった具合に、しまうものの種類を次第に増やしていくときに便利です。あまりいっぺんにたくさんのことを要求すると子どもができないこともありますから、数日様子をみて、片づけるモノや数を少しずつ増やしていきましょう。

また、時間を区切ってお片づけをさせる方法もあります。まず、お約束表と同じような「お片づけ表」を作りましょう。次に、床の上にいくつ物（本、おもちゃ、お人形など）が出ているかを数えましょう。その数を表に書き込んでおきます。

それから子どもに「〇〇ちゃん、今床の上には〇〇個もおもちゃや本が出ているの。五分間（一〇分間でもかまいません）でお片づけしましょう。さあ、どのくらい片づけられるかな？　いいですか。始めますよ」と言います。

「位置について、ヨーイ、ドン」と言って、お片づけを始めてもらいます。時間がきたら、「ピー、タイムアップ」あるいは「時間がきちゃった」と言ってストップをかけます。それから、床の上にいくつおもちゃや本が出ているかを勘定して、表に書き込みましょう。

　または、こんなふうに説明するのもいいでしょう。

「○○ちゃん、遊んだあとは、使った物をちゃんともとに戻してほしいの。五分たったら、お母さんが床の上にいくつ物が残っているか勘定しますね。そしてお片づけの後で、床の上に出ている数を表に書いておきましょう。全部片づけられるかな?」

　子どもが片づけている間、子どもをはげますために、お母さんが一緒に片づけたり、半分に区切って責任を分けあったり、競争したり、「わー、早い、早い」と言って、お片づけの応援をするのも良いでしょう。

　五分たったら、子どもと一緒に床の上に残っている物を一緒に数えてください。「今日は、六個だった。明日はもっと少なくしましょうね」と言ってください。全部片づけられなくても叱らないでください。たとえ

おかたづけひょう

なまえ　やまだ　まさる

いくつゆかのうえにのこっていますか?

げつ	か	すい	もく	きん	ど	にち
14	9	7				

前の日より多くなっていても、絶対に叱らないようにお願いします。そんなときには、「今日は一〇個だったのね。残念でした。明日、がんばろう」とさらりと言ってください。こうした形で、ちょっとの進歩をほめていれば、やがて床の上のおもちゃの数は減ってゆきます。

表にシールや○がついているのをお父さんに見せて、子どもが「何をしたか」を言って、ほめてもらいましょう。お母さんだけでなく、お父さんからもほめてもらえると、子どもはいっそう張り切ってやるにちがいありません。

はじめは、子どもができる範囲からスタートしてください。そして、少しできるようになったら、次第に要求水準を上げてゆきましょう。

お出かけのときすぐ準備をする

お母さんがお出かけの準備ができているのに、子どもがぐずぐずしているということがあります。こんなときには、お母さんが「お出かけしましょう」と子どもに言ってから、お家を出るまで何分ぐらいかかるかを、子どもに黙ってそっとメモしておいてください。

数回観察したら、子どもがお出かけの準備に何分ぐらいかかるかがわかると思います。それをもとに、お出かけ前の準備の時間をお母さんが決めてください。子どもがシールや〇がもらえる時間を選んでください。

「〇〇ちゃんはとてもよい子だけど、お母さんが『お出かけしましょう』と言ってから、なかなか用意ができないときがあるでしょう。それでね、これから『お出かけしましょう』と言ってから、お母さんが時間をはかりますよ。『ヨーイ、ドン』でスタートして、△分までに準備ができたら、この『お出かけ表』にシールか〇をつけましょう。△分というとね、時計のこの長い針がここからここまでの間ですよ」

「一度練習してみましょう。ヨーイ、ドンでお出かけの用意をするのよ。ヨーイ、ドン……。わーすごい！ △分までに準備ができた。シールはお母さんがはる、それとも〇〇ちゃんがはる?」そして、準備ができたことを、おおいにほめてください。

もし、やれなかったときには、「残念でした。時間がきちゃったね。今日はシールなしね。この次はがんばってシールをもらいましょう」とさらりと言いましょう。子どもの失敗を叱るよりやれたことをほめる方が大切ですし、その方が効果があがります。

表にシールがはられているのを見たら、お父さんも〇〇ちゃんをほめてあげてください。そのときに、「〇〇ちゃん、お出かけのときに、△分で準備ができたんだ。えらいね」と、良かったところを言ってからほめてください。

おやくそくひょう

なまえ　やまだ　はるな

できたらシールをはりましょう

おやくそく	げつ	か	すい	もく	きん	ど	にち
10ぷんでおでかけのよういをする	☺	☺	☺				
おでかけのじかんをはかる	8	12	6				

ごあいさつをする

子どもが幼稚園や保育所に行ったときに、先生やお友だちにごあいさつができないと困りますね。そんなときには、お家でごあいさつの練習をするのも効果的です。

「〇〇ちゃんは、来年からもう小学校でしょう。だから、朝保育所に行くときに、近所のおじさんやおばさんに会ったら、自分から『おはようございます』とごあいさつをしましょう。この表は、〇〇ちゃんの「ごあいさつ表」ですよ。〇〇ちゃんが、『おはようございます』とか『こんにちは』と言って、ごあいさつができたらシールをはるかマルをつけてほめてあげましょう。

じゃあ、一度練習してみましょう。お母さんがお隣のおばさんよ。いいですか、〇〇ちゃんは、玄関のドアをあけて外に出てくるのよ。そうしたら、お隣のおばさんがちょうどお家の前を通るところなの。いいわね。じゃドアをあけて出てらっしゃい」

〇〇ちゃん　「おはようございます」

お隣のおばさん「おはようございます」

「上手にごあいさつができたわね。えらーい。ごあいさつ表にシールをはりましょう」と言ってほめてあげてください。

近所のおばさんにごあいさつができるようになったら、幼稚園の先生へのごあいさつを練習してみましょう。

もし、自分からあいさつできなくても、決して叱らないでください。「残念でした」と言ってシールや○をつけないだけです。そして、「次はがんばろうね」とはげましてあげてください。もし、よその人にあいさつをするのがむずかしければ、お母さんが子どもに「おはようございます」とあいさつして、子どもが「おはようございます」と言えたら、それをおおいにほめて、ごあいさつ表にシールや○をつけてほめてあげてください。

ごあいさつひょう 

なまえ　やまだ　ふうま

ごあいさつ　ができたらシールをはりましょう

おやくそく	げつ	か	すい	もく	きん	ど	にち
おはようございます	☺	☺	☺				
こんにちは	☺	☺	☺				
おやすみなさい	☺		☺				

幼稚園（保育所）へ行く

幼稚園や保育所へ行くのをいやがったり、怖がったりする子どもを無理やりに連れていくと、たまに行けるようになることがあります。しかし、ほとんどの場合は、逆に不安がもっと強くなり、恐怖が心にこびりついてしまいます。ですから、無理をしないで、少しずつ慣れてもらう方がいいでしょう。

こうした子どもには、子どもが「平気」「大丈夫」と言う範囲で、お母さんと一緒に幼稚園や保育所への途中まで散歩して、「近くに行く」練習をすることをおすすめします。でも、そのとき、子どもが「怖い」とか「いやだ」と言うのに、無理に近くまで行かせようとしないでください。無理をすると、逆に、「怖い」とか「いやだ」という気持ちが強くなり、それが心にこびりついてしまうからです。

私は幼稚園へ行くのをいやがる子どものカウンセリングをするときに、お家から幼稚園までの「すごろく」を作って遊ぶことがあります。本格的に立派なものでなくても、ファックス用の紙を二枚か三枚つないだら十分です。そして、お家から幼稚園までの道にある建物とか川とか、いろんなものを子どもと一緒に描いていきます。そして、お家をスタート地点にして、サイコロを転がして、だんだん目的地である幼稚園に近づいていきます。途中で「一回休み」とか「振り出しにもどれ」といった場所を作るのもいいでしょう。こうした「すごろく」は、お母さんと子どもの触れ合いの機会になりますし、ほんの少しずつですが、不安を克服していくのに役立ちます。

遊びながら、少しずつ幼稚園に慣れることは、とても大切なことです。でも、幼稚園へ行くのを怖がっている子にとって、幼稚園までの「すごろく」はかえって不安を高めるかもしれません。そうした気配をちょっとでも感じるならば、すごろくの終点（あがり）は幼稚園でなく、幼稚園へゆく途中の消防署でも、橋でもいいでしょう。「すごろく」でなくても、自分のお家を積み木で作り、お隣のお家を作るといった具合に、幼稚園へ行く途中のいろんな建物を子どもと一緒に作ったり、子どもが作るのを、そばで「じっと」見守ることが大切だと思います。こうした、「じっと見守る」ことで、子どもに関心と注目という「心の栄養物」と「心の支え」をあげることができます。お母さんもぜひやってみてください。

制服、カバン、水筒などを決まったところに置く

幼い子どもは保育所や幼稚園からわが家へ帰ってくると、家での遊びに夢中になって、制服を着がえたり、カバンや水筒などを決まったところへ置いたりすることをつい忘れがちです。こんなときには、何をどこへ置いてほしいかをはっきりと伝えましょう。

「○○ちゃんは来年から小学校でしょう。それでね、幼稚園から帰ってきたら、制服と、カバンと、水筒を決まったところへ置いてほしいの。いいですか。制服と、カバンと、水筒ですよ。三つとも決められたところに置けたら、この表に三重マルをつけてあげるわね。二つ置けたら、二重マルね、一つ置けたら一重マルよ。○○ちゃんが、三重マルをとれると、お母さんはうれしいな」

あるいはそれぞれを一つの項目にして○をつけるようにしてもかまいません。子どもが喜ぶやり方を使いましょう。

「○○ちゃん、今から練習してみない。今○○ちゃんは幼稚園から帰ってきたところなのよ。『ただいま』と言って、制服を脱いで着替えたら、すぐに制服をここのハンガーに掛けましょう。制服はここに掛けておいてね。カバンはここよ。水筒はなかを洗ってここにかけましょう」

「位置について、ヨーイドン」

「わー、えらい。○○ちゃん、制服も、カバンも、水筒もちゃんと置けた」

「じゃ、この表に三重マルを入れましょう」

といった具合に練習します。


本番も同じです。大切なのは、○をつけるだけでなく、お母さんは子どもが制服、カバン、水筒を決めた場所に自分で置いたことを喜んで、おおいにほめてあげることです。

おやくそくひょう

なまえ　やまだ　ななみ

きまったばしょにおけたらシールをはりましょう

おやくそく	げつ	か	すい	もく	きん	ど	にち
ようちえんの せいふく	☺	☺	☺				
ようちえんの かばん	☺	☺	☺				
ようちえんの すいとう	☺		☺				

自分からあやまる

幼い子どものなかには、悪いことをしたときに自分から「ごめんなさい」を言うことができない子どももがいます。そうした子どもは、お母さんから言われなくても、自分からあやまってほしいですね。そのために、「ごめんなさいを言いましょう表」を使ってみましょう。

まず、子どもが「よくやる悪いこと」を一つ選んでみましょう。それから、表の説明をしましょう。

「○○ちゃんはいい子だけど、ときどき弟の□□ちゃんをたたくでしょう。これからはね、□□ちゃんをたたかないでほしいの。もしたたいたら□□ちゃんに、『ゴメンナサイ』と言ってあやまってね。あやまることができたら、この表にシールをはってほめてあげましょう」

ただ、このやり方の問題点は「自分からあやまる表」にシールをもらうために、わざとたたいておいてあやまることが増えるかもしれないことです。ですから、「悪いことをしたら、自分からあやまる」といった表を使い始める前と、使い始めた後で、「あやまる」ということだけではなく、「困ったことをする」回数が増えていないか、そっと観察してください。もし、悪いおこないの回数が増えていないであやまる回数が増えていれば、表を使いましょう。もし、困ったおこないが増えていたら、表を使うのを止めましょう。もちろん、「弟をたたかない表」とか「仲良し表」を使い、兄と弟が仲良くする時間を延ばすことも大切です。

表に○がついているのを見たら、お父さんも子どもをほめてあげてください。そのときは「○○くん、自分からあやまることができて、えらかったね」「□□ちゃんと仲良くできてえらかったね、お父さんうれしい」と言ってほめてください。

ごめんなさい
をいいましょう

なまえ　やまだ　ひかる

わるいことをしたら　ごめんなさいとあやまりましょう

げつ	か	すい	もく	きん	ど	にち
☺ ☺	☺ ☺ ☺	☺	☺ ☺			

泣かない

お母さんにとって、子どもがすぐに泣くのは困ります。こんな子どもには泣かない練習をおすすめします。爪かみや指しゃぶりとちがって、「泣かない練習」は一〇分とか一五分といった、かなり長い時間から始められます。でも、最初は「泣かないゲーム」に慣れるために、五分ぐらいから始めてみましょう。

「〇〇ちゃんは良い子だけど、よく泣くことがあるでしょう。お母さんは、〇〇ちゃんが泣くと悲しくなるの。それでね、泣かない練習をしてみない？ 時計の長い針がここまで動いたら五分間よ。その間〇〇ちゃんが泣かなかったら、この表の箱にシールをはってほめてあげましょう。この表はみんなが見える壁にはっておくわね」

「いいですか、今から五分間泣かなかったら〇をつけますよ。さあ始めましょう。位置について、ヨーイドン……えらーい。五分間泣かなかった。お母さんは感心したわ。〇はお母さんがつける？ それとも〇〇ちゃん？」

「もう一度やってみる？ では、位置について、ヨーイ、ドン」

もし、五分の間に泣いてしまったら、「あ、残念でした。泣いちゃった。○はナシね。もう一度やる？ 位置について、ヨーイドン」と言ってください。○で終わった方が、翌日やるときにも子どもが参加しやすい雰囲気を与えます。

何回しなくてはならないという規則はありません。でも、子どもが飽きる前に止める方がいいでしょう。表に○が三個ぐらいたまったら、翌日またやりましょう。

五分間という規則はありません。最初は、比較的短くて、○がもらいやすい長さから始める方が安全ですし、子どものやる気を強めます。一週間、毎日三つ○が表につけられるようだったら、次の週は一〇分間ぐらいに延ばしてください。一〇分が長すぎるようでしたら、七分でも結構です。大切なことは、子どもができるレベル、○がもらえるレベルから出発して、次第に「泣かない」時間を長くしていくことです。

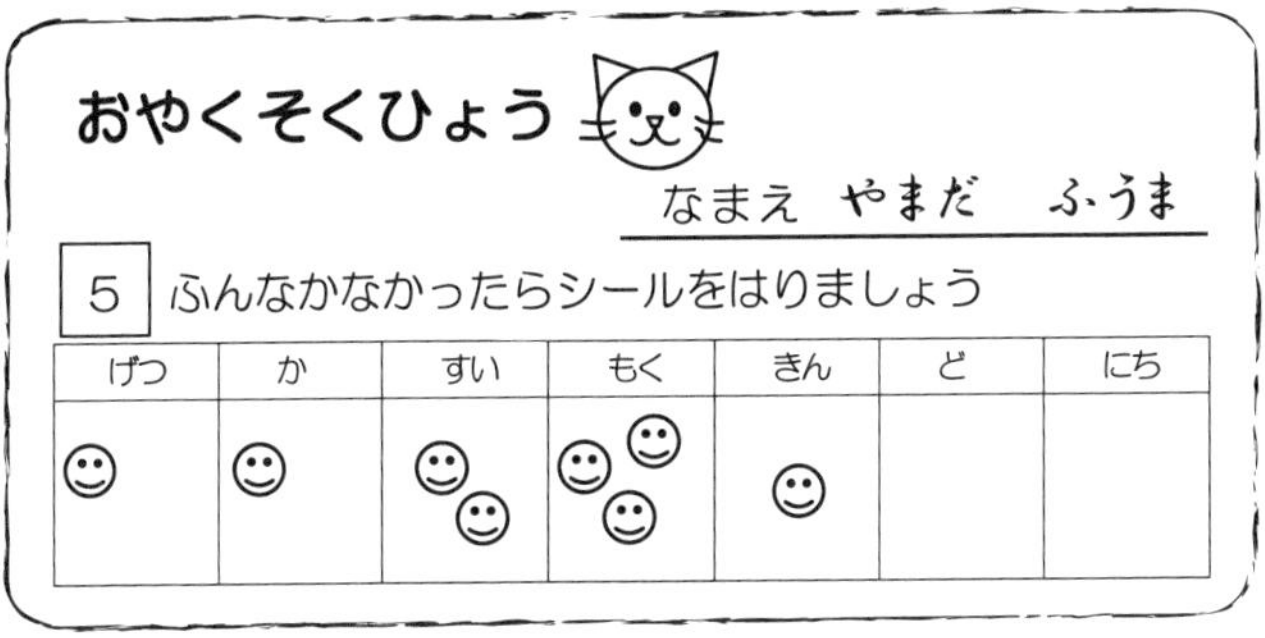

おねだりをしない

すべてのお母さんが「買い物に行った先で、子どもにねだられて困る」と言われます。人が大勢いるところで「お母さん△△買って！」と騒がれると、お母さんはつい買ってしまいます。そこで、子どもに「おねだりしない表」を使ってみましょう。

しかし、スーパーなどでの「おねだり」を止めさせるのは、そう簡単なことではありません。「○○ちゃんはとても良い子だけども、お母さんとスーパーに買い物に行くと、すぐに『おねだり』をするでしょう。それでね、お母さんが『おねだりしない表』を作ったの。この表はお家の台所にはっておくけれども、お出かけのときは、これと同じものをお母さんの手帳に書いて持って行くからね。スーパーに入って、三分間（その長さはお母さんの経験から、子どもがやれそうな時間を選んでください）おねだりしなかったら、表に○をつけてあげましょう。今日はいくつ○をとれるかな。お出かけ先でもらった○は、お家の表につけてあげますからね」。

買い物をしているときに、子どもがおねだりしなかったら、「えらいわね、三分たってもおねだりしなかった。手帳に○をつけましょう」とお家のお約束表と同じように、ほめてあげてください。最初の三分間におねだりをしなかったら、次の三分間にも同じことをやってください。

この方法を使っても、子どもが何度もおねだりをして、お母さんががまんできなくなるようなこともあると思います。そんなときには、スーパーにいる間に○を三つとか四つためたら、子どもの好きなものを買ってあげると、前もって約束しておくのもいいでしょう。

これにより、お母さんは「おねだり」から解放されます。また、子どもも「おねだり」をしなければ、自分のほしいものを買ってもらえるということがわかっていればがまんしやすいはずです。

お家に帰ったら、手帳に書いた○を台所の壁にはってある表に移し替えてください。このときに○がついていることをほめてください。また、お父さんが「おねだりしない表」に○がついているのを見たら、子どもをおおいにほめてあげてください。

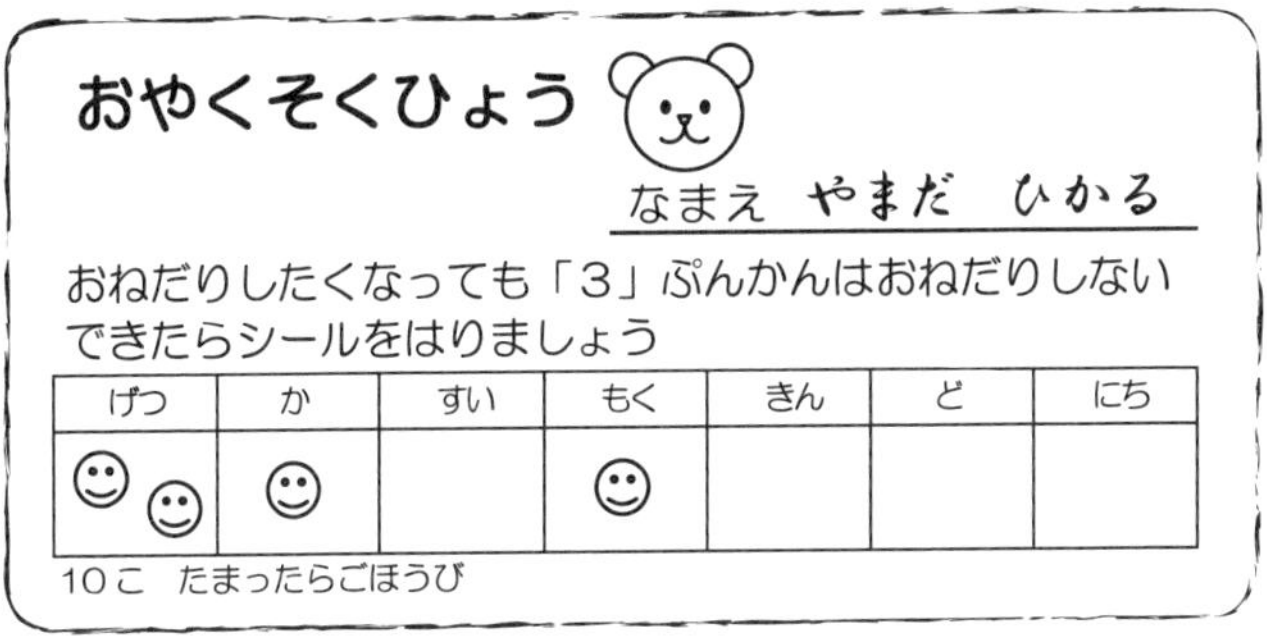

指をしゃぶらない

指しゃぶり自体は、お母さんの愛情がたりないわけでも、離乳が早すぎたわけでもありません。子どもが、なにか偶然の機会に、指を口の中にいれたら良い気持ちになって、それが一種の習慣になってしまったことが多いのです。ただ、お母さんにすれば、いつまでも子どもが指しゃぶりをしているのは気になりますし、止めさせたくなるでしょう。そんなときには、「指をしゃぶらない」練習をしてみましょう。

「○○ちゃんは来年から小学校でしょう。それでね、お母さんが○○ちゃんと一緒に『指をしゃぶらない練習』をしようと思うの。どうするかと言うとね、(時計の)この細い針が時計を一回りしたら一分なのよ。その間○○ちゃんの指がお口に入らなかったら、この表に○をつけてほめてあげましょう。この表は、お父さんも見えるように、冷蔵庫にはっておきましょう」

「いいですか、今から一分間、お指が口に入らなかったら○ですよ。ヨーイ、ドン。……えらーい。一分間お指が口に入らなかった。お母さんが○をつけましょうか?

それとも、○○ちゃんがつける?」
「もう一度やりましょうか。位置について、ヨーイ、ドン」

もし、一分の間に指が口に入ってしまったら、「あ、お指が口に入っちゃった。残念でした。○はナシよ。もう一度やってみる?」といって、チャレンジする機会を与えるのもいいでしょう。

一週間、毎日○がついたら、次の週はもっと時間を長くして、同じことをやってみてください。大切なのは、お父さんが、表の○を見たら、「○○ちゃん、一分間指をお口に入れなかったんだね。えらかったね」と言って、子どもをほめてくださることです。もちろん、おじいちゃんやおばあちゃんがほめてくださることも、表の効果をあげるのに役立ちます。

ゆびしゃぶり
をやめましょう

なまえ　やまだ　ひかる

1　ぷんかんゆびしゃぶりをしなかったらシール

げつ	か	すい	もく	きん	ど	にち
☺☺	☺☺☺	☺	☺☺			

爪かみをしない

私の経験では、爪かみは、指しゃぶりよりも手強い習慣のように思います。でも、指しゃぶりと同じような方法を使うことができます。

「○○ちゃんは来年から小学校でしょう。それでね、お母さんは○○ちゃんと一緒に、『爪をかまない練習』をしたいの。時計の細い針が一回まわったら一分なのよ。細い針が一回ぐるりとまわる間○○ちゃんが爪をかまなかったら、この表に○を一つつけましょう。この表はみんなに見えるように、冷蔵庫にはっておきますね」

「いいですか、今から一分間爪をかまなかったら○ですよ。位置について、ヨーイ、ドン……えらーい。一分間爪をかまなかった。○はお母さんがつけますか。それとも、○○ちゃんがつける？」

「もう一度やってみましょうか。位置について、ヨーイ、ドン」

もし、一分の間に爪をかんでしまっても、「あ、爪をかんじゃった。残念でした。

今回は○はナシよ。もう一度やってみる？」とさらりと言って、決して叱らないでください。

何回しなくてはならないという決まりはありませんが、子どもが飽きる前に止めることが大切です。箱のなかに○が三つぐらいたまったら止めましょう。そして、その日のうちならば時間がたってから、あるいは翌日に、同じようにやってみましょう。

一分間という決まりはありません。三分間でも五分間でもいいのです。子どもが「爪をかまないでいられる範囲」にしてください。あまり急がず、「少しずつ、少しずつ」です。最初に子どもが○をもらってお母さんやお父さんにほめてもらい、喜ぶことを経験させてください。

一週間、毎日○が三つもらえるようになったら、次の週は、もう少し時間を長くしてください。爪をかむ習慣をなくすのは、非常にむずかしいことです。

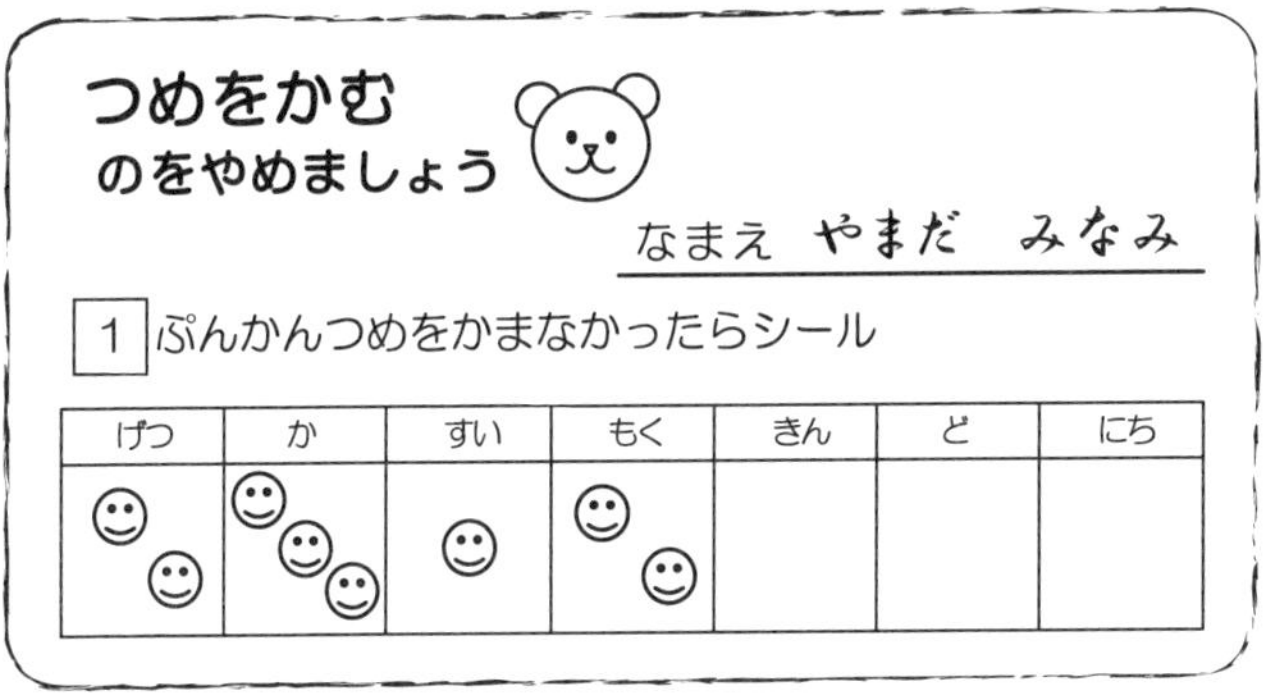

動物のお世話をする

幼い子どもにとって、犬、猫、ハムスター、小鳥、熱帯魚といった生き物の世話をすることは、生命の尊さをまなぶ、愛情をそそぐ、思いやりの心を育てるといった、大切なことを身につける機会になります。しかし、子どもは世話を忘れてしまうことがあります。

そういうことがないよう、表を使って子どもが生き物の世話をしているかチェックして、やれていたらほめてあげましょう。こんな具合に説明してはどうでしょうか。

「○○ちゃんは小鳥（生き物）が大好きで、お母さんはうれしいけれど、小鳥は水や餌をあげないと死んでしまうでしょう。だから、毎日朝と晩に水と餌をあげてほしいの。水と餌をあげたときには、ごほうびにこの表にシールをはってほめてあげましょう。この表は冷蔵庫にはっておきますからね」

「えらーい。○○ちゃん、小鳥にお水と餌をあげたのね。ありがとう、えらいわね。この表にシールをはらなくちゃ。○○ちゃんがはる、それともお母さんがはる？」

もし、決められた時間までに（たとえば夕食までに）水と餌をやるのを忘れたときには、お母さんが水と餌をもっていくように言ってください。餌をあげたらシールをはって、ほめてあげましょう。それでも、小鳥に水と餌をやらなかったら、「〇〇ちゃん、残念だけども、今日はシールをはれませんよ」とだけ言いましょう。そして、「明日はやりましょうね」とさらっと言うだけにします。

表にシールがはってあるのをお父さんが見たら、おおいにほめてあげてください。おじいちゃんやおばあちゃん、家族みんなでほめてくださると、いっそう効果があがります。お父さんやおじいちゃん、おばあちゃんが、表を見てほめてくださったら、後でお母さんがお礼を言ってください。こうすると、またほめていただけます。

えさをあげましょう 

なまえ　やまだ　はるな

ことりにおみずとえさをあげましょう

げつ	か	すい	もく	きん	ど	にち

本を読む

お約束表で「本を読む」ことを取り上げるときには、どのくらい読むかという基準が必要です。何分間読んだ、という「時間」を基準にする方法や、何文字、何行、何ページといった「量」を取り上げる方法もあります。字を読みはじめたばかりのお子さんには、どちらのやり方でもいいと思います。

子どもがもっと大きくなって、勉強が大切になってくると、どのくらい机にむかっているかといった時間よりも、どのくらい読書や勉強に集中できたか、その結果どんな成績をあげることができたか、ということが大切になってきます。そんな場合には、何ページ読んだとか、何分読んだかといった量を取り上げるよりも、ドリルを何問やってどれだけ正解があったかチェックする方が、よい結果を生むことが多いようです。

「〇〇ちゃん、これから漢字を読む練習をしてみましょう。いくつ漢字が読めるかな？　読めた漢字の数を数えてみましょう。わー、〇〇ちゃんすごい！　△個も漢字を読めた。この数を表に書き込んでおきましょう。そうすれば、お父さんも見てきっと喜んでくれるわ」と言ってほめてあげましょう。

もちろん、お父さんが帰ってきたら、数字を見せてほめてもらってください。勉強時間を記入する場合も同じです。前よりも長く勉強したら、おおいにほめてあげましょう。でも、前の日より成績が悪くても、勉強時間が短くても、叱ることは禁物です。「今日は、昨日ほどではなかったね。残念でした」とさらりと言って、時間を書き込んでください。こうしたことをやっていると、次第に本を読み、勉強する時間が増えてゆきます。

こんなやり方もあります。

「○○ちゃん、ご本を読む練習をしましょう。○○ちゃんが、三分間本を読んだら、この表にシールをはりましょう」

ほんよみひょう

なまえ　やまだ　まさる

いくつ「じ」がよめるかな？
よめた「じ」のかずをかきましょう

げつ	か	すい	もく	きん	ど	にち
10	9	5	15			

時間の長さは、お子さんの読書への集中力に応じて決めてください。三分間では短かすぎる子どももいるし、長すぎる子どももいます。子どものレベルに合わせて、まず必ずシールがもらえる「達成可能」なところから始めましょう。

一週間、毎日シールなり○がもらえたら、次の週は少し時間を延長しましょう。こうして、無理しないで、少しずつ時間を延ばしてゆくのです。そうやって、無理のない範囲で、少しずつ読書や勉強の時間を長くしてゆきましょう。

大切なのは、表に記入した読書や勉強の時間や成績が、前日よりも良くなったら、あるいはシールや○をもらったら、それを見て、お父さんがほめることです。お父さんの参加がとても大切です。また、おじいちゃん、おばあちゃん、家族の人がほめると、いっそう効果があがります。

ほんをよみましょう 

なまえ　やまだ　ゆうと

3　ぷんほんをよんだらシールをはりましょう

げつ	か	すい	もく	きん	ど	にち

不安を克服する

子どもが怖がることを、カウンセラーが子どもと一緒に体験することで、少しずつ不安を克服することができることもあります。そんなときも、うたい文句は「少しずつ、少しずつ」です。

私のところへカウンセリングを受けに来ていた女子中学生がエレベーターに乗るのが怖いと言いました。それで、四階の私の部屋でカウンセリングが終わってから、四階から三階まで、一緒にエレベーターに乗って降りました。そして、三階から四階まで一緒にもどってきました。こうしたことを、何週間もくり返してから、四階から二階まで一緒に降りて、また四階まで一緒に上がってくることをくり返しました。次に、四階から一階まで一緒に降りて、また四階まで上がってくることをくり返しました。

その次には、四階でエレベーターに乗る前に「先生は三階のボタンを押してから降りて歩いて行くから、三階までひとりで降りられる?」とたずねました。本人が「大丈夫」と言ったので、ひとりでエレベーターで降りてもらい、私は階段を降りて三階で会いました。そして、今度はひとりで四階まで上がってもらい、私は階段を歩いて上がって四階で会ったのです。こんな具合に、時間をかけて少しずつ練習をして、最後には四階から一階まで、一階から四階まで、ひとりでエレベーターに乗れるようになったのです。

この例からもおわかりのように、子どもが怖がることを、お母さんが一緒に、ごく少しずつやることはとてもいい解決方法です。でも、子どもが「怖い」と言っているのに、無理にやらせないようにしてください。子どもが不安を感じない範囲でしか、怖いことには挑戦させないでください。無理にやらせると、かえって恐怖が強まる恐れがあります。

コラム

精神科医のウォルピは不安を取り除くために、身体をリラックスさせておいて、不安をほんの少しだけ感じる場面のイメージを思い浮かべさせます。その後何度か身体をリラックスさせ、そのイメージに不安を感じなくなったら、もう少し不安を感じる場面を思い浮かべさせ、イメージのなかで少しずつ慣れることによって不安を克服する「系統的脱感作法」をあみだしました。また、実際の場面で少しずつ不安を克服してゆくことを「現実脱感作法」と呼んでいます。お母さんが子どもにきらいな食べ物をほんの少し食べさせるとか、学校(幼稚園や保育所)へ行くのを怖がる子どもにちょっとだけ近所を散歩させて、少しずつ学校に近づく練習をするのは、現実脱感作法と似ていると思います。

6

お母さんになるのも少しずつ

お母さんだって頭にくるときがあります

私たちは子どもが困ったこと、悪いことをすると、慌てますし緊張します。それは誰でも経験するごく普通の反応です。でも慌てると、いつもならばなんでもないことでも腹が立って、子どもの困った「おこない」を冷静に扱うことができなくなってしまいます。子どもが悪いことをしたときすぐに腹をたて、なじったり、たたいたりしてしまうことがあります。そして後になって、どうしてあんなに腹をたてたり、感情的になったのだろうと思ったり、なぜ子どもをたたいてしまったのだろうと、後悔します。

また、お母さんが「○○しなさい」「××を止めなさい」と言ったときに、子どもが言うことをきかないと、頭にきたり、感情的になってたたいたり、どなったりしがちです。そして、自己嫌悪に陥ることが少なくありません。仮にそこまでいかなくても、なぜあんなに腹を立ててしまったのだろう、あんなことを言わなければよかったのに、といった気持ちになります。

大勢のお母さんが、「カッとなって、子どもをたたいてしまいました」「子どもになめられているような気がしたのです」「頭のなかが真っ白になってしまって」「思わずたたいてしまいました」と話されます。

どんなときにも、「自信を持って」「落ち着いて」「冷静に」とは、まさに「言うはやすく、行うはかたし」です。子どもがお母さんに反抗し、言うことをきかなかったときに、お母さんが「子どもになめられる」と思うのは無理もないことです。あるいは、自分は母親として失格ではないか、うまく子どもを育てることができるだろうかといった不安や心配が頭を持ち上げてきます。そして、それが心の重荷になっていくのです。

こうした不安を押さえる力を、自分のなかにつけることができるといいですね。お母さんはそんなこと無理だとお思いになるかもしれません。でも、できるのです。次に、その方法をご紹介しましょう。

心と身体はつながっています

私たちは怒ったり、不安になったり、緊張すると、身体、とりわけ筋肉が固くなります。ですから、筋肉をリラックスさせると、身体だけでなく心もリラックスできるのです。

まず、お母さんが緊張や不安を感じたときに、身体のなかでどんなことが起こっているかを考えてみましょう。当然、心臓がドキドキします。呼吸が速くなります。肩や首の筋肉が固くなります。手足が冷たくなることもあります。冷や汗が出てきます。血圧も上がっているでしょう。このうち、自分の意志で変えることができるものはどれでしょうか。心臓がドキドキするのは、自分の意志ではどうすることもできません。冷や汗をかいても、自分の意志で引かせることはできないでしょう。でも、呼吸が早くなっているのならば、深呼吸をすることによって呼吸を整えることができます。筋肉の緊張は、一度身体の筋肉に力を入れておいて、それから力を抜くことで、リラックスできます。

これから紹介するリラクセーション法をしっかり練習していただきたいと思いま

す。身体のどこかの筋肉を五秒間緊張させておいて、約二〇秒間力を抜いてリラックスするという、とても簡単なものです。これを毎日、少しずつやっていると、子どものことでカッとなったり、腹をたてたり、困ったりしたときに、ちょっとリラクセーションをすると心に余裕を持つことができるようになります。身体のリラックスは、心のリラックスにつながっているからです。

お母さんが子どものことで怒りや不安を感じたら、深呼吸をしてみましょう。目をつむって、レントゲンで胸の写真をとるときのように、胸いっぱい空気を吸い込みましょう。そして、五秒間ぐらい息を止めてください。それから、ゆっくりと息を吐きだしましょう。吐き始めてから二〇秒ぐらいの間は、目をつむったまま静かにしていてください。これを数回くり返しましょう。きっと、気持ちがしずまると思います。できれば、毎日時間があるときに、椅子に座って、両手をももの上において、この深呼吸を何回かくり返してください。ふだんからやっていると、子どものことでカッとなったときに、この深呼吸を二〜三回やっただけで、気持ちが落ち着いてきます。

身体をリラックスさせましょう

身体をリラックスさせる方法はいくつもありますが、その代表的なものを紹介しましょう。

まず、椅子にゆったりと座ります。手は太ももの上に楽な感じで置いてください。これがスタートの姿勢です(①)。

次に、両方の手のひらを五秒間思いきり強く握りましょう。五秒たったら、ゆっくりそして軽く開いて、二〇秒間、楽な姿勢をとってください。手のひらを開いても、しばらくじっとしてリラックスを味わってください。できればもう一

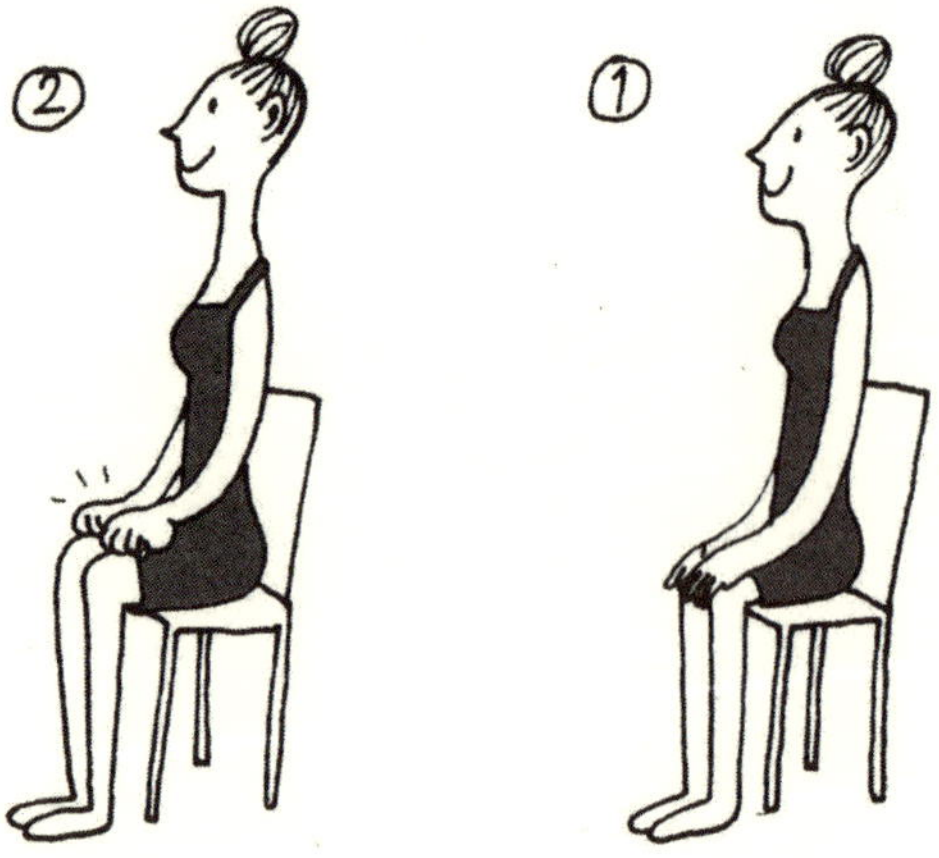

回くり返しましょう(②)。

次に、両方の目を五秒間思いきり強く閉じてください。このときに、上の歯と下の歯も一緒にかみしめるのもいいでしょう。五秒たったら、ゆっくりと目と歯の力を抜いてください。顔全体で緊張の後のリラックスを二〇秒ぐらい感じてください。できれば、もう一度くり返しましょう(③)。

次に、両方の肩を五秒間上へあげてください。そして、五秒たったら、ゆっくり両肩をおろして、二〇秒ぐらいゆったりとしていてください。できれば、もう一度くり返しましょう(④)。

次は、上半身全部です。「バンザイ」のように両手を上にあげてください。そして、そのまま両手と身体を後ろに倒していってください。五秒たったら、ゆっくりもとに

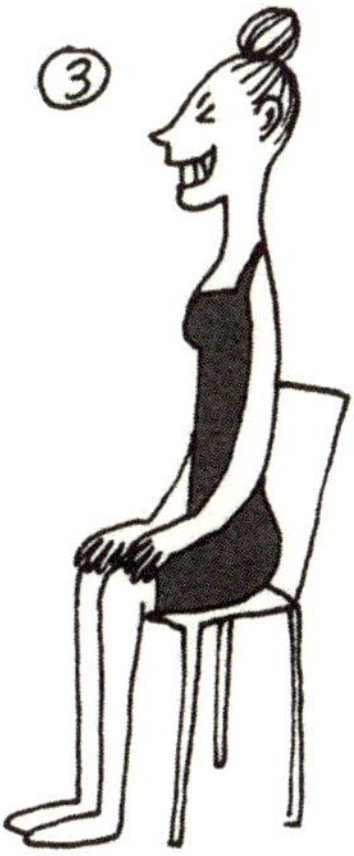

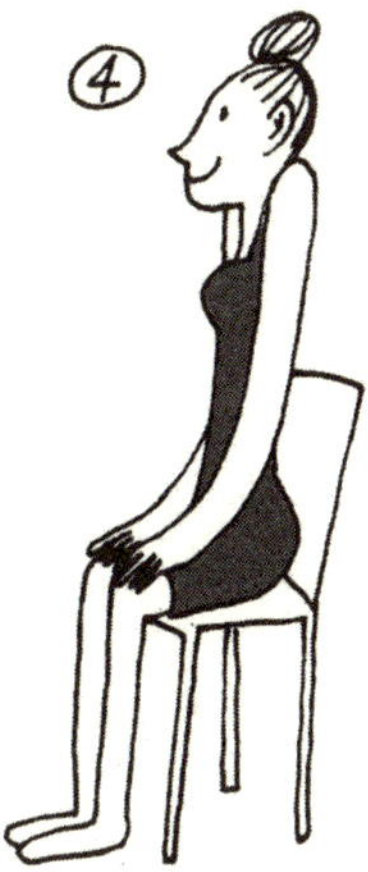

戻り、両手を太ももの上に置いて、リラックスした自分を二〇秒ぐらい味わってください。できれば、もう一度くり返しましょう（⑤）。

こうした何種類かのリラクセーションの動きを、毎日、一回か二回、数分かけて、二週間ぐらい続けると、緊張したときに、どの運動でもいいですから一回か二回やると、リラックスした状態に入ることができます。ご自分が緊張したと思われたら、あまり目立たない「手を握る」というリラクセーションの動きを二回か三回やってみましょう。きっと、心が落ちつきます。

このリラクセーションの方法は、ヨガとよく似ていると思います。ヨガをやっていらっしゃるお母さんは、ヨガを使って、身体と心をリラックスさせてください。

たとえば、隣の部屋で子どもがテレビのチャンネル争いをしている声が聞こえてきて、お母さんの頭に怒りがこみ上げて来たら、子どもに声をかける前に、リラクセーション法を二回か三回やってみましょう。少し心がしずまって、声をかけるときに、気持ちに余裕ができると思います。お母さんのなかには緊張したり怒りがこみ上げてきたりしたときに、子どもと一緒に深呼吸をして効果を上げている方もいます。

怒りがこみ上げてくると、どんなにかわいい子どもでも腹が立ちます。子どもも、自分の思うとおりにならないと腹が立ちます。寝る時間がきたので、お母さんが「〇〇君、もう寝る時間ですよ」と言うと、子どもが「まだ寝たくないもん」とか「うるさいな」と言ったりします。時には、親に向かって「死んでしまえ」とか、言ってはいけないような言葉を口にします。

こんなことを言われると、お母さんだって冷静ではいられません。怒りがこみ上げてきます。そんなときに、椅子に座って深呼吸をしてから、五秒間手を握りしめ、次に二〇秒間ゆっくり手の力を抜くことをくり返しましょう。怒りは、いっぺんにはなくならないかもしれません。でも、その場で怒りが爆発することは避けられます。

時には、お母さんと子どもが一緒に深呼吸をする、水を飲む、一から一〇まで一緒に声を出してゆっくり数える、などの方法をやってみてください。深呼吸の後、リラクセーション法を一つか二つやってみましょう。子どもが困ったことをしたり、怒ったり、イライラしているときに、「お母さんと一緒にリラックスしましょう」と言って、リラックスすることに誘ってみましょう。子どもの興奮はかなりしずまります。

子どもを傷つけずにお母さんの意見をきちんと伝えましょう

子どもが困ったことをしたときに、子どもの気持ちを傷つけないで、お母さんが子どもに、「何を、どうやってほしいか」を「はっきり」と伝えることができたらすばらしいと思います。

お母さんのなかには、相手が自分の子どもであっても気を使いすぎて、思っていることをきちんと言えずに、後で「どうして言えないのだろう」と自己嫌悪に陥る方がいます。たとえば、子どもに「ダメですよ」「それは良くないことです」「テレビを見る前に、宿題をやりましょう」といった簡単なことが言えないお母さんがいます。そうかと思うと、子どもをすぐにたたくとか、必要以上に厳しく叱って、子どもを泣かせてしまうお母さんもいます。そして、後になって、どうしてたたいてしまったのだろう、なぜあんなことを言ってしまったのだろうと後悔するのです。

こんなシーンを想像してください。兄が妹をからかい始めました。

①お母さんは、兄が妹をからかうのを見ても何も言わずにほうっておきました。兄の

「からかい」はだんだんエスカレートして、妹が泣き出してしまいました。それでも、お母さんは「そんなことをしたらダメでしょう」と言っただけでした。後になって、お母さんは「なぜ妹が泣き出す前に、兄を止めることができなかったのだろう」と後悔し、「自分はダメだ」とゆううつになりました。

②お母さんは、「妹をいじめたらダメじゃないの」と兄を大声でどなり、頭をたたきました。妹も泣き兄も泣き、家のなかは泣き声のコーラスになってしまいました。

③お母さんは、兄が妹をからかい始めたときに、兄に「お兄ちゃん、それ以上『からかう』と『けんか』になるから、止めなさい」と言いました。そして、妹には「お母さんが晩ご飯の用意をするから手伝って」と言って二人を分けました。

最初のお母さんは自分の気持ちや考えを相手に伝えることができない「消極型」の人です。こうしたお母さんは、子どもの気持ちを傷つけないで、子どもにやってほしいことをはっきり伝えるようにしていただきたいと思います。そんなにむずかしいことではありません。たいていのお母さんは、この項を読んで実行していただけると思います。でも、子どもに「お兄ちゃん、妹をからかうのは止めなさい」ときっぱりと言えない方は、「お兄ちゃん、妹をからかうのは、止めなさい」という文章を紙に書いて、それを何度も声にだして読んでください。きっと自然に言えるようになります。自然に言えるようになったら、次に子どもにその言葉を実際に言ってみましょう。まず、子どもに近づき、相手の目を見てください。そして、真剣な顔つきで、はっきりとした語調で、子どもに話してください。小さな声でボソボソ言うとか、聞きとれないような声で話したのでは効果はありません。また、どなったり、叫んだりしたら逆効果です。子どもは泣いたり、わめいたり、ふくれたり、かえって事態を悪くしてしまいます。

また、お母さんも怒りがこみ上げてきたら、自分を冷静にすることが必要です。「○○ちゃんが遅く帰ってくると、お母さんは○○ちゃんのことが心配なのよ」といった具合にお母さんの気持ちを伝えましょう。お母さんが子どもを注意するときには、誰もいないところで話す方が効果があるようです。家族のいるところで注意すると、子どもも家族の目を意識して、見栄をはるかのように怒ったり、泣いたりすることが多いからです。話す前に、お母さんと子どもが一緒にリラックスの呼吸をするのも良い考えです。

第二のタイプのお母さんは、「攻撃型」の人です。もちろん、怖いお母さんだって子どもを愛していますし、子どもを傷つけようとは思ってもいません。ついたたいてしまうとか、子どもの心を傷つけるようなことを言ってしまうのです。そして、後になって、なぜたたいてしまったのだろう、なぜあんなことを言ってしまったのだろうと、後悔するのです。でも、子どもが騒いだり、親の言うことをきかないと、またカッとなってたたいたり、子どもの気持ちを傷つけるようなことを言ってしまいます。

こんなお母さんは、ご自分の気持ちを子どもに伝えるときに、興奮したり怒ったりしないで話す練習をしてみましょう。子どもの帰りが遅くなった時に、「どこをうろついていたのよ！」とどなりつけるよりも、「○○ちゃんが、外で遊びたい気持ちはわかるけど、○○ちゃんの帰りが遅いとお母さんは心配なのよ」と言った方が、自分の気持ちを興奮させないで、しかもご自分の気持ちを正確に子どもに伝えることができるのではないでしょうか。

子どもの気持ちを傷つけないで、お母さんの思っていることを子どもに話すことができるように、練習していただきたいと思います。前に紹介した、ご自分が言いたい

言葉を紙に書いて、それを何度も声に出して読んだり、言ったりするのは、とてもいい方法です。

コラム

精神科医のウォルピは、相手の気持ちや立場を傷つけることなく、自分の立場を主張することの大切さを説いています。また、相手の気持ちを攻撃し傷つけるような人は、相手の立場を尊重しながら、自分を主張するアサーティブ・トレーニングが大切であると述べています。

たとえば、カフェに入って、紅茶を頼んだのに、ウェイトレスがコーヒーを持って来てしまいました。

消極型な人は、ウェイトレスには何も言いませんが、一緒に入った友人にブツブツ言いながらコーヒーを飲みます。そのために、一緒にいた友達は不愉快な思いをし、当人も自分の意気地のなさのためにいやな思いをします。

攻撃型の人は、ウェイトレスを大声でどなり、ウェイトレスに恥をかかせてしまうだけではなく、一緒にカフェに入った友人にも不快な思いをさせ、自分も自己嫌悪におちいります。

積極型の人は、ウェイトレスにそっと、自分が頼んだのは紅茶なので、コーヒーを紅茶へ変えるように丁寧に、しかしきっぱりと伝えました。そして、紅茶を持って来たらお礼を言います。自分は満足し、ウェイトレスには恥をかかせず、一緒にいった友達にも不愉快な思いをさせずにすみました。

この積極型の人のやり方は、子育てにも大切なことだと思います。

夫婦の間も少しずつ

①お母さんになる

結婚しても子どもが生まれるまでは、新婚時代の延長のようなものだと思います。共働きをしている夫婦ならば、「今晩は帰りに○○で待ち合わせてご飯を食べない?」と言って、夫婦でデートすることもできました。専業主婦の奥さんならば、子どもがいないので多少時間はあるし、お掃除や洗濯をすませたら、友だちと買い物に出かけることもできました。

でも、子どもが生まれたらそうはいきません。ことによると出産を機会に、お仕事をおやめになったお母さんもいらっしゃるでしょうね。お母さんになるのはうれしいことです。でも、お仕事をやめると、今まであった収入がなくなります。働いていたときは自分のお給料でちょっと贅沢をしたり、ご両親にプレゼントを贈ったりできま

した。でも、それもできなくなったのではありませんか。

今でも、働く女性が仕事をやめる理由の約七〇パーセントが出産だそうです。子どもが生まれることは、とてもうれしいことですが、そのために仕事をやめるのは、大きな決断だったでしょうね。うれしい反面、「妊娠なんかしなければよかった」と思ったとしても不思議ではありません。「なぜ、男は仕事を続けているのに、女は家にいなくてはならないの」と感じたときもあったでしょう。

お母さんになっても、仕事を続けている方もいらっしゃるでしょう。本当によくがんばっておられますね。朝ごはんを大急ぎで食べさせ、子どもを保育所に預けに行くのが一日の始まりです。お仕事がすむなり、小走りにお子さんを迎えに行き、子どもを抱くなりお家へいちもくさん。ごはんを食べさせ、お風呂に入れ、やっとのことで寝かしつけ、それからご自分とお父さんの晩ごはんを作る毎日です。くたびれますね。

お母さん、本当にお疲れさまです。

母親になることは、うれしいことです。でも、それは二四時間労働です。ストレスも多いし疲れます。飽きあきするし、面倒だと思うことだってあるでしょう。そんなとき、周囲の人たちから「お母さんなら、子どもの世話は当たり前」「女の人なら誰でもやっていること」なんて言われると、ちょっと頭にきますね。とくに、お父さんがそういう態度をとると腹がたちます。妊娠、出産、育児は大仕事です。大変だ、疲れた、もううんざり。そう思うのは不思議でも、悪いことでもありません。大なり小なり、世界中のお母さんが味わう気持ちです。

②お父さんになる

お母さんが妊娠したとき、お父さんはどんな反応でしたか？　バンザイをして喜んだ人。「それは大変だ。僕が料理も掃除もするから」という張り切り型。「困ったなあ。早すぎるよ。でも仕方がない」というあきらめ型。お父さんになることは、夫にとっても大きな変化です。妻が妊娠したからといって、すぐに父親としての心構えができるとはかぎりません。妊娠期間を通して少しずつ心の準備ができるのです。

昔に比べると、今のお父さんはずいぶんお母さんを助けるようになりました。それでも家事はお母さん頼みの人が多いようです。お母さんに甘えているのかな？　たいていの夫婦にとって、子どもが生まれるまで続けてきた夫婦の間の習慣を、子どもが生まれたからといって急に変えるのはむずかしいようです。

お父さんがお母さんに任せないで、自分のことは自分でするようになってほしいですね。でも、あわてないでください。お父さんが自立し、お母さんを助けるのも少しずつです。今まで何もしていなかったお父さんなら、はじめは自分が食べた食器を流しに運ぶだけでもいいでしょう。ご自分の洗濯物を洗濯機に入れるだけでも、良いスタートです。お父さんがちょっとでも自分のことを自分でやったら、お母さんは「ありがとう、助かるわ」と、感謝の言葉を言ってください。そうすれば、お父さんはまたやってくださるでしょう。

赤ちゃんが生まれたのはうれしいですが、お母さんは赤ちゃんの世話で忙しくて、疲れています。疲れると、時には不愉快な顔が出てきます。二人だけの生活のときのようにはいきません。たいていの人にとって、変化は面倒だし不安です。日本の男性は奥さんになんでもやってもらうタイプが多いようですね。その奥さんが子どもの世話で忙しくなるのですから、ちょっとさびしいし、面白くないときもあるでしょう。

③新しい生活へ少しずつ

妊娠から出産までの間、女性はお腹が大きくなり、胎児が動くのを感じ、陣痛を体験し、出産を全身で経験します。そうした経過のなかで、少しずつ母親になっていくのです。でも男性は、奥さんが子どもを産んで初めて父親になるのです。それまでの一歩一歩を、お母さんのように自分の身体で経験するわけではありません。それが身をもって出産を経験したお母さんとの違いだと思います。

完璧な人なんかいないように、完璧な夫婦なんてありません。良いところ、強いところもあれば、悪いところ、弱いところもあるのは当然です。たいていの夫は妻が妊娠したと知ると、うれしさと同時に不安になったり、心配になったりします。父親になることはうれしいですが、重荷を背負わされるような気もします。

でも、そういった楽しみ、うれしさ、不安、あせり、プラスの気持ち、マイナスの気持ち、いろんなことを経験しながら、だんだんと夫は父親になっていくのです。お父さんのなかには、忙しいから、男だから、疲れたから、子どもを敬遠する人がいるかもしれません。そんなお父さんだと、お母さんはちょっとさびしいですね。そんなときには、ほんの少しの間、お父さんに子どもを見てもらいましょう。お母さんがお風呂に入っているとき、お料理をしている間、お掃除のときなどです。ごく短い時間ならば、お父さんも手伝ってくれるかもしれませんね。子育てと同じように、父親になるのも「少しずつ」です。

お母さんは自分のお腹のなかで胎児が動き、次第にお腹が大きくなり、やがて出産をむかえます。でも、生まれてきた赤ちゃんにすぐに愛情がわかないというお母さんもいます。いくら心の準備をしていても、いざ赤ちゃんが生まれると、「やれやれ」

とか「やっと生まれた」と、かえって気持ちが落ち込むことがあります。よく赤ちゃんを見ても、自分の血を分けた子どもだという実感がないとか、愛情がわかないと言う人もいます。でも、当然かもしれません。子どもへの愛情は、生まれた瞬間からあるというよりも、世話をし、育てている間にだんだんと芽生え、はぐくまれてくるものだと思います。愛情が生まれるのも、少しずつです。

子どもに愛情を注ごうと思えば、まずお父さんとお母さんがお互いへの愛情を育ててください。お母さんが子どもを愛することができるのは、お父さんが後ろについていて、お母さんを見守っているからです。お父さんが子どもをかわいがることができるのは、お母さんがお父さんを愛しているからです。

こうした夫婦の間の愛情が、育児にはいちばん大切なのではないでしょうか。夫婦の間の愛情は小さな思いやり、さりげない親切、ちょっとした好意とその表現から始まると思います。夫と妻の間は、いつも平和で、暖かいときばかりではありません。風が吹く日も、雨の日も、日照りのときもあるでしょう。そんなときに、ちょっと風をさえぎってあげてください。さりげなく傘をさしてあげてください。こんな、ちょっとした「いたわり」と好意が、やがて大きな愛情となるのです。

この本では、子どもに良いことをさせるのに、お約束表を使うことを紹介しました。

この表を上手に使うために、お母さんはお父さんに「子どもがどんなことをしたら○やシールをつけて、子どもをほめているのか」を具体的に説明してください。○やシールがついていたら、お父さんが子どもをほめるようにお願いしてください。お父さんがほめるとお約束表の効果がグーンと大きくなることを説明してください。お父さんが表を見てほめたら、お母さんはお礼を言ってください。「あなたがほめると、お約束表の効果がとっても大きくなるの」「お父さんがほめると、子どもはとても喜んでやるの」と、なぜお父さんがほめることが大切かを言って感謝してください。お約束表をお父さんに説明し、お父さんがほめてくれたことにお母さんが笑顔を見せるとき、夫婦の大切な話し合いが始まっているのです。夫婦の間の話し合い、それが幸せな家庭を作るのだと思います。

あとがき

八年前のことです。私は四〇年近く勤めた兵庫県の関西学院大学から、大阪府の関西福祉科学大学へ移りました。七階の研究室のカーテンを開けると、キャンパスの一番奥に大きな幼稚園が見えました。大勢の子どもたちが楽しそうに遊んでいるのが目に入ってきます。「あの子どもたちのお母さんと、子育ての勉強会をすることができたらいいのに」と思ったのです。

園長先生にお願いすると、お許しが出ました。それ以来、毎年九月と三月に三回ずつ勉強会を開いています。一時間半の勉強会の内容は、まず私がこの本でご紹介したことを、やさしく簡単に説明します。次に、大学院の私のクラスの学生諸君が、お母さんからお子さんについて教えていただき、どんなことで困っているか、どうなってほしいかをよく聞き、ひとりひとりのお子さんのためにお約束表を作ります。それをお家で子どもと一緒にやって、次の週に結果を持ってきて、さらにどうするかを話し合うのです。大学の心理・教育相談センターの二人のカウンセラーの先生と私も、必要ならばいつでもお母さんから直接お話を聞き、相談にのるというやり方です。

勉強会が終わってから、お母さんが答えてくださったアンケートを見ると、とてもよくわかる話だったし、お約束表の結果はとても良かった。またこの勉強会に来たいというおほめの言葉がいっぱい書かれていました。

三年前に『武田建のコーチングの心理学』という本を創元社から出版したとき、担当の渡辺明美さんに、私のコーチングの理論と方法の元祖は「行動心理学にもとづく子育ての心理学」だとお話をしました。すると「ぜひそれを本にして多くのお母さん方にお知らせしたい」と言っていただきました。この本の担当の紫藤崇代さんは、三回連続で勉強会に来てくださいました。それがこの本の出発点となりました。

私は長い大学教員生活の間に、何度も北米で勉強しました。はじめは精神分析とか来談者中心療法を学びましたが、次第に、行動療法的なアプローチが私の臨床レパートリーに入ってきました。フィラデルフィアのテンプル大学医学部精神科教授のジョゼフ・ウォルピ先生のもとで訓練を受けたり、ミシガン大学大学院で社会福祉学と心理学の教授だったエドウィン・トーマス教授とそのグループのもとでさまざまな行動アプローチを教わりました。そのうちの一つがこの本で紹介した「子育てコーチング」です。

しかし、帰国した私はすぐにそれを実行に移せませんでした。待ちかまえていた、アメリカンフットボール部のOBたちが、関西学院高等部の監督をやれと言ったからです。大学の監督時代はどなって、叱って、「悪いプレーを減らそう」としていました。それでも、一〇年間に七回日本一になれました。しかし、選手は私を嫌がり、チームの雰囲気は暗いものでした。そこで高校の監督になったときには、この本で紹介したように「良いプレーを増やそう」としたのです。八年間に六回日本一になりました。どなって叱っても、良いプレーをほめても、優勝回数はほぼ同じ割合です。しかし、よくほめたチームの方が、ずっと明るい雰囲気だったと思います。

この本の土台となっている心理学の理論はとても簡単です。まずは子どもがやれるところから出発し、どうやるかを子どもに説明するだけではなく、お母さんが子どもと一緒にやって見せましょう。そのときのうたい文句は「少しずつ」「区切ってやらせ」「やれたらすぐにほめる」です。まだやれていなくても子どもがやろうとしていたら、その努力をほめてください。そうすれば次第にやれるようになっていきます。でも、ほめるだけでは足りません。この本では、上手な叱り方も紹介しています。

この本は、子育てで悩んでいるお母さんはもちろん、すべてのお母さんとお父さんに読んでいただきたいと思って書きました。これは子育ての本ですが、夫婦間のコミュニケーションを良くするための本だと考えてください。読むだけでなく、どうぞ実行してください。はじめは簡単なことからスタートしましょう。そして、少しずつ子どもにやってほしいことのレベルを上げていきましょう。お母さんが子どもと何をしているかを、お父さんに説明してください。お父さんにも参加していただきましょう。おばあちゃんやおじいちゃんにも入ってもらいましょう。

この本の出版にあたっては、創元社の矢部敬一社長と編集部の渡辺明美さんと紫藤崇代さんに大変お世話になりました。また、関西福祉科学大学のキャンパス内にある短大付属幼稚園の五木田宏子前園長、川人公一園長、大西英子先生には大勢のお母さんを私たちの子育てコーチングの集まりに紹介していただきました。また、関西福祉科学大学心理・教育相談センターのカウンセラー久保信代先生と宿谷仁美先生は、お母さんとの勉強会で大学院生の指導とお母さんとの面接にあたってくださいました。また、同大学学生相談室のカウンセラーである増田香織先生からはたくさんのアイディアをいただき、お約束表を描いてくださいました。そして私たちのプログラムに参加してくださったたくさんのお母さん方に心から感謝申し上げます。こうした方々のお陰でこの本が生まれたのです。本当にありがとうございます。

二〇一〇年八月

武田　建

◉ 著者略歴

武田　建（たけだ けん）

1932年　東京都に生まれる。
1956年　関西学院大学大学院教育心理学専攻修了。
1958年　トロント大学大学院社会福祉学専攻修了。
1962年　ミシガン州立大学大学院カウンセリング心理学専攻修了(Ph.D.)。
1962年〜 関西学院大学社会学部専任講師、助教授、教授・学部長、学長、理事長を経て、
現　在　関西福祉科学大学教授。
専　攻　臨床心理学・社会福祉学。
著　書　『カウンセリングの理論と方法』理想社、『人格発達論』ナカニシヤ出版、『グループワークとカウンセリング』日本YMCA同盟出版部、『親と子の臨床心理』創元社、『新しいグループワーク』日本YMCA同盟出版部、『しつけ上手の心理学』大和書房、『親と子の行動ケースワーク』ミネルヴァ書房、『リーダーシップの条件』大和書房、『コーチングの心理学』日本YMCA同盟出版部、『保育カウンセリング』創元社、『リーダーシップを身につける』日本生産性本部、『カウンセラー入門』誠信書房、『コーチング』誠信書房、『心を育てる』誠信書房、『カウンセリングの進め方』誠信書房、『最新コーチング読本』ベースボールマガジン社、『人間関係を良くするカウンセリング』誠信書房。

やる気《き》を育《そだ》てる子《こ》育《そだ》てコーチング
親子で楽しむ「お約束表」の作り方

2010年8月20日第1版第1刷　発行

著　者　武　田　　建

発行者　矢　部　敬　一

発行所　株式会社　創元社
http://www.sogensha.co.jp
本社　〒541-0047　大阪市中央区淡路町4-3-6
Tel. 06-6231-9010　Fax.06-6233-3111
東京支店　〒162-0825　東京都新宿区神楽坂4-3煉瓦塔ビル
Tel.03-3269-1051

装　画　九重加奈子

装　幀　上野かおる（鷺草デザイン事務所）

印刷所　株式会社　モリモト印刷

©2010, Printed in Japan

ISBN978-4-422-11448-4　C0011
〈検印廃止〉

本書の全部また一部を無断で複写・複製することを禁じます。
落丁・乱丁のときはおとりかえいたします。

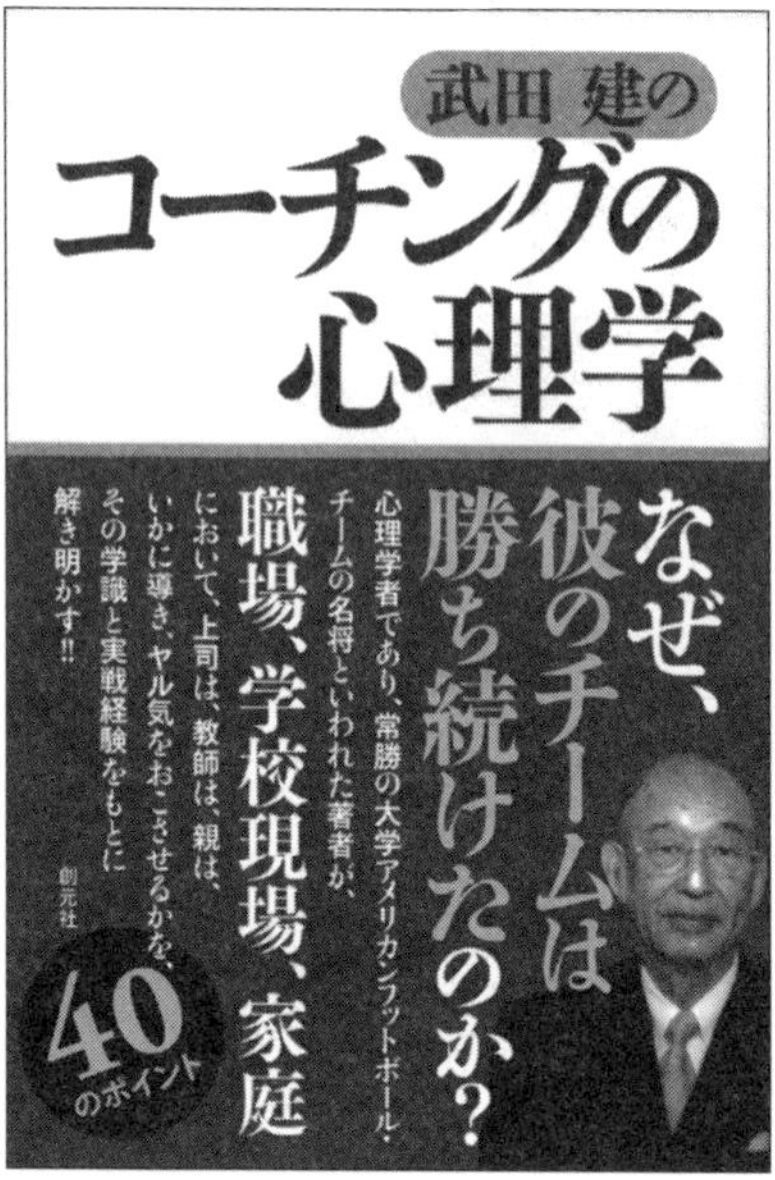

四六判 240 頁　定価1,470 円(税込)

ISBN978-4-422-11395-1

スポーツ界のみならず、教育やビジネスでも「コーチング」は人を育てる際の重要なキーワードになっている。本書は、関西学院大学フットボール部を日本一に育てあげた武田建が、認知行動療法という心理学の理論と技法をベースにして、「上手なほめ方」「笑いの効用」「叱るときには」など40の短い章で、人を育てるコーチングのノウハウを一般向けにやさしく解説したもの。スポーツコーチ、教師、親、ビジネスマンにぜひ勧めたい一冊。